★なぜそうするのか

介護の

なんで、そうなるの？

監修：笠原　幸子
編著：前田万亀子

はじめに

「側臥位の介助は？」「脱健着患とは？」「床ずれ予防は？」「口腔ケアはなぜ必要？」…日々の業務のおさらいをしながら、あらためてご自身の介護を見直してみませんか。それが、ヒヤリ・ハットや事故防止になり、利用者のよりよい生活、生きがいづくりにつながるのではないでしょうか。

本書では、利用者とのかかわりを声かけで絵解きしながら、それぞれの理由や根拠を解説し、必要な介護の技術・知識のおさらいをしていただけるよう構成しています。介護に奮闘中の方はもちろん、少し自信をなくして迷っている方、資格は取ったが一歩が踏み出せない方、現場を離れて復帰を考えている方などにもお使いいただけます。

常に携帯することで介護の不安が解消され、自信を持ってケアをするためにお役だていただければ幸いです。

本書の特長と使い方

この本は 介護の常識50を なぜ、そうするのか ケアに当たれるよう

このように構成

I 介護の常識おさらい 9

麻痺側からそでを通すのは？

どうして麻痺側から そでを通すの？

痛みや骨折をしたり しないためですよ。

健側から脱いで患側から着る（脱健着患）のですが麻痺側をなるべく負担をかけないようにしましょうね。

無理をしない ということですね。

声かけのポイント

更衣動作は自立を促すために大切なリハビリです。安定した座位や動作の順序立てなど多様な能力が発揮できるように介助しましょう。《例》「○○していただけますか？」「痛かったら言ってくださいね」「ご自分のペースでなさってください」

常識9 着脱介助は健側から脱ぎ、患側から着る「脱健着患」。

24

★「声かけ」がわかる

なぜ、そうするのか
説明になっています！

なんで、そうなるの？

★声かけのしかたもわかる
ポイント！

★「常識」を
ひと言で示しおさらい！

おさらいして説明しながらになれるスキルUPブックです!!

してあります。

[基本介護技術⑨着脱介助]

片麻痺(半身麻痺)は「脱健着患」が基本

「着るときは麻痺した手から」「脱ぐときは健常の手から」

服を着る

①患側から手を通す。
②シャツなどをかぶる。
③健側の手を通す
④シャツなどを下ろす。

服を脱ぐ

①シャツなどのえり元を持つ。
②頭からシャツなどを出す。
③健側の手を抜き、患側の手を抜く。

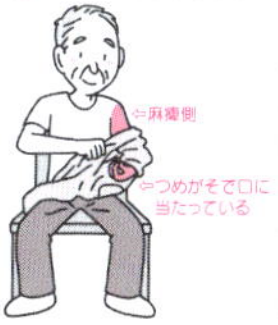

患側から手を通す。
声かけをしながら本人にできることはやってもらう。

着脱介助のポイント

着脱時に衣類につめを引っ掛け、つめがはがれるトラブルがあります。特にその点に気を配りながらゆっくり着脱するよう促します。
◎着る場合の介助…介助者は着替える上着のそで口の表側から折り畳むようにまとめて自分の手に通し、握手するように要介護者の麻痺側の手を取り、そのまま上着を麻痺側のそでから肩まで上げます。

笠原 先生の ミニミニゼミ

麻痺側は拘縮が起こりやすく、その結果として関節可動域も制限されます。可動域以上の屈曲や伸展をさせると脱臼・骨折などの事故につながりますから注意しましょう。

25

常識を分野ごとに分けて計50

Ⅰ[基本介護技術]14の常識
Ⅱ[健康]14の常識
Ⅲ[食事]
Ⅳ[生活・環境]

★なぜ、そうなのかよくわかる**解説!**

★介護職養成のプロ
楽しい学び方の工夫のオーソリティー
笠原幸子先生のアドバイス!やその他の現場のエキスパートからのアドバイス!

目次

Ⅳ 介護の常識おさらい［生活・環境］

I

介護の常識おさらい
[基本介護技術]

両ひざを立てるのはなぜ？

床ずれができるのはどうして？

麻痺側から袖を通すのは？

片麻痺でもお風呂に入れる？

どうして両ひざを立てるの?

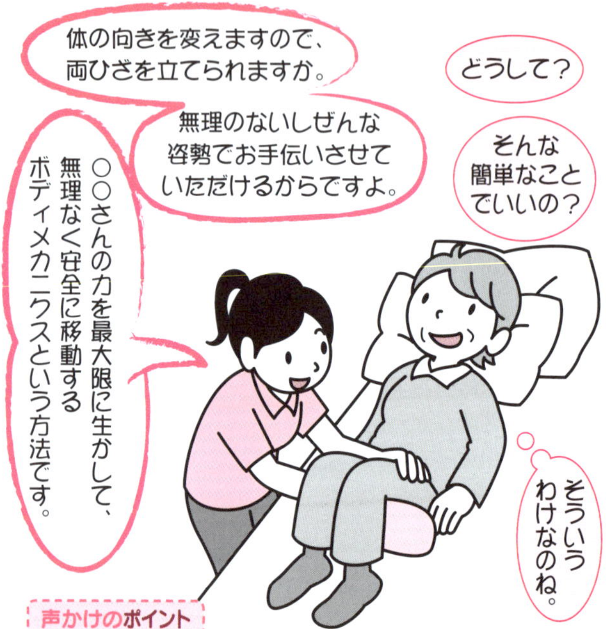
体の向きを変えますので、両ひざを立てられますか。
どうして？
無理のないしぜんな姿勢でお手伝いさせていただけるからですよ。
そんな簡単なことでいいの？
○○さんの力を最大限に生かして、無理なく安全に移動するボディメカニクスという方法です。
そういうわけなのね。

声かけのポイント

声かけをしないで体に触れたり動かしたりすると心拍数が高まるといわれます。事前に行動を予測できないことが原因と考えられます。ひとつひとつの動作で声をかけ、ゆっくりていねいに行なうようにしましょう。《例》「今日からさせていただいてよろしいでしょううか」「こちらを向いていただけますか」

常識1 体位変換は両ひざを立て重心を移動しやすくして…。

ボディメカニクスとは

利用者が安全、安楽に介護を受けられるようにするために、身体（骨格・筋肉・内臓などを中心とした）の動きのメカニズム（身体力学）を活用する技術です。介護者の腰痛なども予防します。

❶支持基底面を広く取る。
足幅を肩幅に広げて立位を安定させる

❷重心を低くし、移動させる。
ひざを曲げて腰を落とし（姿勢を安定させる）、利用者と介護者の重心を近づける（持ち上げないで水平に滑らせる）

❸小さくまとめて「てこの原理」を利用する。
ひざを曲げて四肢をなるべく体幹部に近づけ、持ち上げないで支点をつくる

ボディメカニクスを無視した介助はダメ！

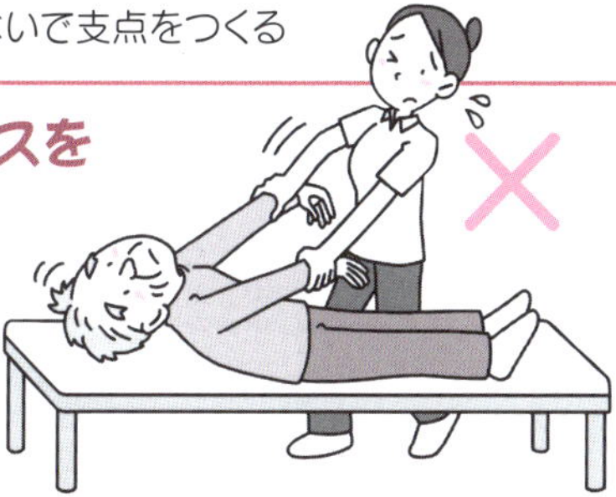

現場の先輩からのアドバイス

人間の運動機能は、神経系・骨格系・関節系・筋系が互いに影響し合って正常に動きます。ボディメカニクスは疲労の少ない介助につながります。何度も練習してコツをつかみましょう。

側臥位のときに両腕を組むのは？

両腕を組んでいただけますか。
ボディメカニクス(P.9)
どうして？
両腕を組まれると動きやすいと思いますがいかがでしょうか。
本当に、楽に動けますね。

声かけのポイント

小さくまとまるように意識してもらうだけでも随分違います。あまり体を密着しすぎるとかえって動きづらくなるので気をつけましょう。《例》「力を抜いてくださいね」「協力していただけますか」

常識❷ 両腕を組んで肩が浮くと体位変換が楽に行なえる。

側臥位の介助

側臥位（そくがい）とは横向きに寝ている状態をいいます。仰向けに寝ている要介護者に横向きになってもらうための介助で、オムツ交換やシーツ交換などを行なうときに用います。臥位には次のような種類があります。

- ●側臥位…右または左を向いた状態
- ●仰臥位（背臥位）…仰向けになった状態
- ●腹臥位…うつ伏せになった状態
- ●半座位…上半身を15～45度起きた状態
  ファーラー位（45度）、セミファーラー位（15～30度）
- ●長座位…足を伸ばし上半身を90度に起きた状態
- ●起座位…クッションなどにうつ伏せになった状態
- ●端座位…腰掛けた姿勢で足底が床に着いた状態

ベッドの角度は30度～60度基本
ファーラー位（45度）に。
（重力の利用で食道への送り込みがしやすい）

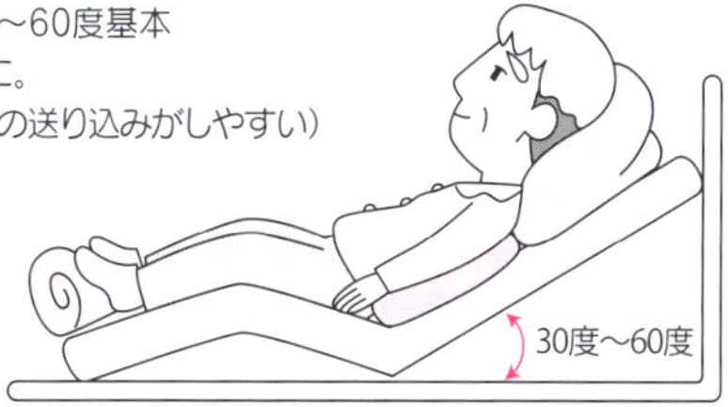

現場の先輩からのアドバイス

麻痺や拘縮（こうしゅく）などで腕を組むことができなくても、「接地面積を減らす」目的であれば、おなかの上で両腕を交差するだけでも肩が浮きます。臨機応変に対応しましょう。

介助で楽に起き上がれる？

座るというあたりまえのことが
難しいなんて思いもしなかったわ。
寝返りもしにくいし、
起き上がれるかしら？
突然座位にするとめまいや立ちくらみの
原因になるので注意しましょう!
じゃ、いっしょに
起き上がりましょう。

声かけのポイント

常に相手が理解できているか、体の状態、表情やこれから行なう行為が理解されているかを確認しながら声かけをします。また、動作のたびに説明を加えましょう。《例》「気分は悪くなったら言ってくださいね」「首の下に手を入れますね」「今度は○○させていただいてよろしいでしょうか」

常識③ 起き上がり介助は臀部を軸にしてテコの原理を使う。

起き上がり介助例（仰向けからの起き上がり）

ベッドから離れる際に必ず必要な基本的動作のひとつです。ボディメカニクスを活用して利用者にも介助者にも負担のかからない技術を身につけましょう。

①側臥位 ⇨ ②首から肩に手を入れて肩とひざを支える（左図のように） ⇨ ③「てこの原理で臀部を支点にして、頭が弧を描くように肩とひざを支えて起こす ⇨ ④端座位（前後左右に倒れないように身体を支える）

寝返りの役割

寝返りは人にとって重要な動作です。健康な人にとってはあたりまえの動きですが、複雑な筋活動（腹筋や脚力など）なので筋力をつけておくことが大切です。

- 血行不良を防ぐ
- 体温調節・水分の発散調節
- 体の一部分への圧迫負担

  など

立　位

➡立ち上がり

座　位（長座位、端座位、横座り、等）

➡起き上がり

背臥位➡側臥位➡腹臥位

寝　返　り

現場の先輩からのアドバイス

寝た切りで起きられない人でも手を貸すとほとんどの場合は起きることができます。起き上がるだけでも心身機能の活性化につながり、生活意欲を引き出すことができます。

介助で立ち上がることができる?

足に力が入らないのだけれど。
立ち上がるのを助けてもらえる?
だいじょうぶですよ。腕を取ってゆっくり腰を浮かしましょう。
思っているより簡単に立ち上がれましたね。

声かけのポイント

介助を受ける人に協力してもらうことで介助量を軽減することができます。《例》「ゆっくり立ちましょう」「足元がふらつくようでしたら言ってくださいね」

常識④ 立ち上がり介助は腰を低くして体重移動を行なう。

イスからの立ち上がり介助（一部介助）

利用者が安全、安楽に介護を受けられるようにするために、身体（骨格・筋肉・内臓などを中心とした）の動きのメカニズム（身体力学）を活用する技術です。介護者の腰痛なども予防します。

❶イスの前のほうに浅く座ってもらい、両足は後方に引きぎみにしておく。
❷前かがみで体重移動して、前方に意識をしてもらい、誘導する。
❸おしりを浮かして、腕を取って誘導する。
❹しっかりと立ち上がってもらう。

立位の保持

立位では重心の位置が骨盤の位置にあり、前から見ると重心線が体の中心を通ります。

- 重心線は、耳孔（耳の穴）、肩、股関節、膝関節後方、足関節前方を通って足部へ。
- 筋力やバランス能力が低下すると立位姿勢を保つことが難しくなって転倒しやすくなります。抗重力筋（重力と戦う筋肉）の機能を改善することが大切です。

現場の先輩からのアドバイス

利用者の立位ができるかどうかで介護が大きく変わってきます。立位ができれば（ポータブル）便座への移乗の可能性が出てきてオムツがは外せることも考えられるようになります。

片麻痺でもいい姿勢で座れる？

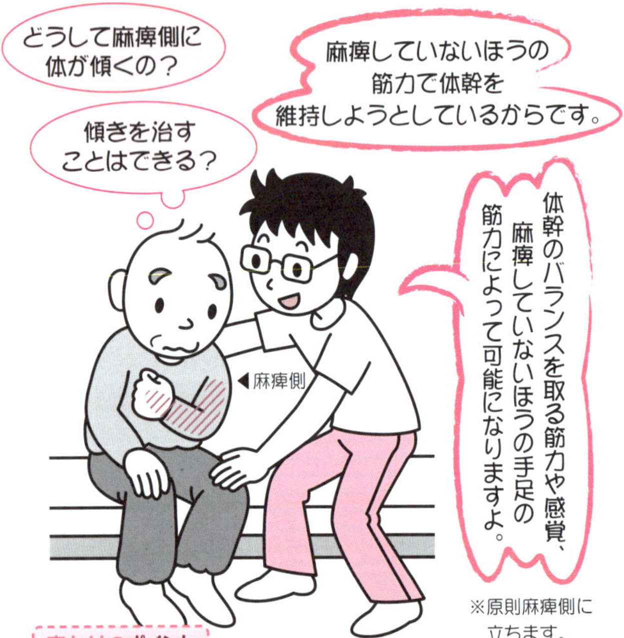
どうして麻痺側に体が傾くの？
麻痺していないほうの筋力で体幹を維持しようとしているからです。
傾きを治すことはできる？
体幹のバランスを取る筋力や感覚、麻痺していないほうの手足の筋力によって可能になりますよ。
◀麻痺側

※原則麻痺側に立ちます。

声かけのポイント

座位姿勢は快適で活動性の高い生活に変えていきます。座位時間が長くなる場合は適切な座位が取れるよう工夫（シーティング）が必要になります。《例》「無理しないで少しずつ改善しましょう」「筋力がついてきましたね」

常識5 片麻痺の人の座位は筋力をつけることで安定する。

座位の種類

座位は上半身をほぼ90度に起こし座っている姿勢をいいます。

端座位

ベッドの端に腰を掛け足を下ろした状態や背もたれのないイスに座った状態の体位。車イスやポータブルトイレへ移動する際などに活用される。

長座位

両足を伸した状態で座る体位。心臓や肺への血液還流が妨げられないため心臓や肺への負担が軽減する。上半身の体重がおしりに集中しやすいという難点がある。

半座位

上半身を約45度起こした体位(ファーラー位、15度から30度起こした姿勢はセミファーラー位)。寝た切りの場合でも食事などに取ることが多い。

◎座位保持には多少の専門的な知識と技術が必要となるため、理学療法士や専門家に相談しながら対応しましょう。

現場の先輩からのアドバイス

健常の人は意識しなくても体全体で重力を感じて抗重力姿勢を取ります。前後、左右、上下の3次元でバランスをじょうずに取り、人により骨格のゆがみや筋力のばらつきはあってもバランスの取れた座位が取れます。

ベッドから車イスに移乗できる?

自力で車イスに乗れますか?
めまいなどはありませんか?
はい、手伝ってもらえますか?
車イスへ移乗しますから、協力してくださいね。おしりを後ろにずらして深く座ってください。

声かけのポイント

移乗動作は共同作業です。転倒や介護職の腰痛などが起こる可能性が高く、利用者の能力を活用しながら、常に声かけしながら行ないましょう。《例》「次は○○しますから手伝っていただけますか」「ゆっくり座ってくださいね」「ご協力ありがとうございました」

常識6 片麻痺の人の車イス移乗介助では麻痺側に立つ。

車イス移乗(一部介助)

❶車イスはブレーキを掛けフットレストを上げて健側30～40度の位置に置く(左図を参照)。

❷利用者にベッドに深く腰をか掛けもらう。
利用者に健側の手でベッド柵をつかんでもらい(足は少し引いておく)、おしりを前にずらしてもらう。

❸利用者が前かがみになるように肩を軽く押す。
利用者はベッドを支えにして立ち上がる。(声かけ「めまいはありませんか？」)

❹利用者に健側の手を伸ばしてアームレストをつかんでもらい、健側の足を軸に回転する。

❺利用者が回転をし始めたら、腰の辺りを支えて車イスにゆっくり深く座れるよう介助する。
立ち上がるとき、利用者はベッド柵をつかむことで支持基底面が広くなって立位が安定する。

現場の先輩からのアドバイス

移乗動作は、①立ち上がる、②方向転換、③座る、の3つの動作に分けて進めてていくことがポイントです。車イスへの移乗時には、正しい知識と技術、ボディメカニクス(人間の正常な運動機能:P.9参照)を活用して行なうように心がけましょう。最小の労力で疲労の少ない介助ができます。

階段を上がるにはどうしたら？

階段を上がることができるかな？
お手伝いしますから、いっしょに上がりましょう。一段一段、上がりましょう。
後方から骨盤を支えるのはどうして？
1、2、3・・・と声かけを。
左右の重心移動を助けるためですよ。

声かけのポイント

階段昇降の介助を安全に行なうためには、繰り返しの動作をしっかり確認します。階段は上りより下るほうが難しいので気をつけるようにします。《例》「手すりを持ちましょう」「足の曲げ伸ばしはだいじょうぶですか」「健側の足から上がりますね。」

常識 7 階段昇降の介助は麻痺側の後方に立って支える。

階段昇降の介助のしかたと注意点

- 介助者は麻痺側の脇の下から肩と腕の重みを支え、麻痺側の足を動かしやすくします。麻痺側の肩が痛いような場合は、後方から骨盤を支えて左右への重心移動を助けます。
- 無理に引き上げようとせず、タイミングを合わせていっしょに昇降するようにします。
- 最初は数段から練習するようにします。一気に多くの段数を上げると、階段を降りる際に恐怖心から思うように動作ができなくなってしまうこともあるので注意します。

※PT の指導の下に行ないましょう。

ナースからのアドバイス

階段の上り下りは足を高く上げなければならなかったり、踏ん張る力が必要だったりします。転倒の危険性が高くなるため、大腿四頭筋（太ももの前側の筋肉）を鍛えるようにしましょう。

歩くのに介助してもらえる?

足に自信がないのだけれど、散歩に行けるかしら?
ついていてくれると安心できるわ。
いっしょに行きましょう。
気分転換できるし、血行もよくなって高血圧や糖尿病の予防になりますよ。

声かけのポイント

具体的な声かけ(何のために、明確な目的場所など)をするようにします。せかせるようなことをせずペースに合わせます。また、歩行中はプラス志向の声かけをして励ましましょう。
《例》「お天気がよいですね」「ふらつきはありませんか?」「あの柱まで歩きましょうか?」「つらくなったら、すぐおっしゃってください」

常識 8 歩行介助は側面に立って歩調を合わせる。

歩行介助の注意点

- 利用者の歩幅で歩きます。必要以上に小股で歩くとかえって不安定になり危険です。
- 歩行ペースが早くならないように気をつけます。
- 歩幅が狭まったり、足が上がらなくなったりするのは転倒の前兆なので注意します。
- 身体に合った杖や歩行器を利用すれば楽に歩くことができます。
- 転倒の危険性のある場合は、腰ベルトなどをつかむようにします。（PTと連携する）

歩行例

- **手すり歩行**
  介助者は斜め後ろから支えます。
- **手引き歩行**
  介助者は向かいに立って両手を持って誘導します。
- **向かい合わせ歩行**
  背の筋肉が伸びて足が上がりやすくなります。

手すり歩行

笠原 先生の ミニミニゼミ

歩行は生活の基本、あらゆる日常行為に伴う大切な動作です。運動不足は筋肉が急速に衰えを招きます。骨がもろくなったり、関節が固まったりしてやがて寝た切りになってしまいます。そうならないために歩くことは毎日少しでも大切なことです。

麻痺側からそでを通すのは？

どうして麻痺側から
そでを通すの？
痛みや骨折をしたり
しないためですよ。
健側から脱いで患側から着る（脱健着患）のですが麻痺側になるべく負担をかけないようにしましょうね。
無理をしないということですね。

声かけのポイント

更衣動作は自立を促すために大切なリハビリです。安定した座位や動作の順序立てなど多様な能力が発揮できるように介助しましょう。《例》「○○していただけますか？」「痛かったら言ってくださいね」「ご自分のペースでなさってください」

常識 9 着脱介助は健側から脱ぎ、患側から着る「脱健着患」。

片麻痺（半身麻痺）は「脱健着患」が基本

「着るときは麻痺した手から」「脱ぐときは健常の手から」

服を着る

①患側から手を通す。
②シャツなどをかぶる。
③健側の手を通す
④シャツなどを下ろす。

服を脱ぐ

①シャツなどのえり元を持つ。
②頭からシャツなどを出す。
③健側の手を抜き、患側の手を抜く。

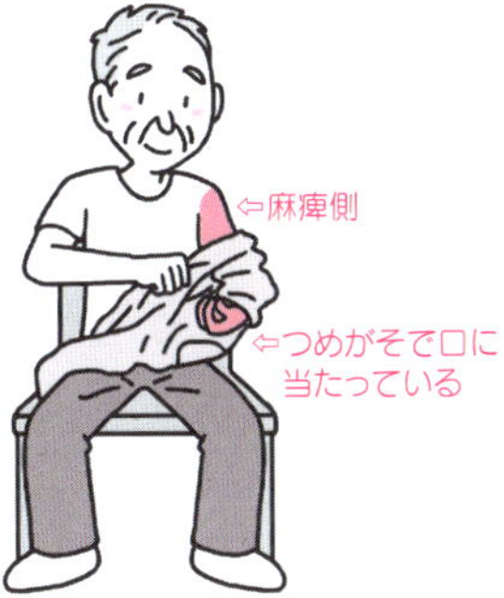
⇦麻痺側
⇦つめがそで口に
当たっている

患側から手を通す。
声かけをしながら本人に
できることはやってもらう。

着脱介助のポイント

着脱時に衣類につめを引っ掛け、つめがはがれるトラブルがあります。特にその点に気を配りながらゆっくり着脱するよう促します。

◎着る場合の介助…介助者は着替える上着のそで口の表側から折り畳むようにまとめて自分の手に通し、握手するように要介護者の麻痺側の手を取り、そのまま上着を麻痺側のそでから肩まで上げます。

笠原 先生の ミニミニゼミ

麻痺側は拘縮が起こりやすく、その結果として関節可動域も制限されます。可動域以上の屈曲や伸展をさせると脱臼・骨折などの事故につながりますから注意しましょう。

床ずれはどうしてできる？

床ずれができるのはどうして？

寝た切りなどによる圧迫によって血が通わなくなり、組織が死んで傷になるからです。

どうしたら予防できるの？

体位変換などで圧迫やずれを取り除いて、毎日皮膚を観察し、皮膚をいたわり、バランスよく栄養をとることですね。

声かけのポイント

床ずれはできてしまうと治癒するまでに時間を要します。何といっても予防が大切です。《例》「寒くありませんか」「もう少しふいたほうがいいですか」「痛くはないですか」「がまんしないで言ってくださいね」「少しはましになりましたか」

常識⑩ 床ずれ予防は「除圧」「スキンケア」「栄養管理」。

皮膚における原因

- 圧迫による摩擦やズレ
- 乾燥
- 汗や失禁による皮膚の汚れ

全身的な原因

- 低栄養
- やせ
- 持病がある
- 薬の使用
- むくみ

→ **床ずれ（褥瘡）** ←

■深さによる分類

ステージ I	損傷のない皮膚。骨突出部位に発赤を伴う。
ステージ II	赤色または薄赤色の創底をもつ、真皮の部分欠損。水疱が見られることもある。
ステージ III	全層組織欠損。皮下脂肪は確認できるが、骨、腱、筋肉は露出していないことがある。
ステージ IV	骨、腱、筋肉の露出を伴う全層組織欠損。ポケットや瘻孔（ろうこう）を伴うことが多い。

笠原 先生の ミニミニゼミ

褥瘡《じょくそう》の「褥」は布団、「瘡」は傷を意味し、布団によってできる傷という意味です。一般には床ずれと呼ばれています。主に骨の出ている所にできやすく、特に仰向きで寝た場合、仙骨部（おしりの中心の骨の出ている部位）には体重の約44％もの大きな力が加わるためできやすくなります。

トイレ排せつにこだわるのは？

どうしてトイレ排せつが大事なの？
便座に座って腹圧を掛けることで、排尿排便がスムーズに行なわれるのですよ。
歩いて（車イスで）トイレに行きましょう。
だから、便秘解消や頻尿にもいいのね。

声かけのポイント

相手の人格を尊重してプライバシーに配慮し、声かけを行ないながら手際よく介助します。また、ほかの方に聞こえないような声かけをしましょう。《例》「そろそろトイレへ行きましょうか」「声をかけてくださったら来ますからね」

常識⑪ トイレ排せつの目的は失禁・便秘予防、尊厳保持など。

排せつ介助の手順

排せつの変化が体調不良のサインになることがあります。特に自分から不調を訴えられないような人の場合は排せつ状況のチェックが大切です。

❶健康状態の確認「体調はよろしいですか？」
❷これからすることの説明と同意
❸端座位から立位（ふらつき）の確認
❹ズボン・下着をひざの下まで下ろす
❺便座に座り安定した座位を確認
（片麻痺がある場合は健側の手足を活用）
❻排せつ後、立位保持に配慮してズボン・下着などを整える
❼排せつ後の手洗いをする

◎気兼ねしてギリギリまでがまんしてしまい、途中で間に合わずに失禁してしまうことがあります。遠慮する必要はないことを事前によく話しておくようにしましょう。

◎間に合わなかった場合の声かけ
失禁したことには触れず、「お手伝いしますね」と声かけして手早く着替えを支援します。

笠原 先生の ミニミニゼミ

「下の世話を受けるようになったらおしまいだ」とよく口にされるように、排せつがうまくできないということは、その人の尊厳にまでかかわることです。高齢者のそうした気持ちに配慮しながら、慎重に行なうようにしましょう。

オムツ交換はしないといけないの?

気持ち悪いから替えましょうか?
まだ換えなくてもいい…。
かぶれるかもしれませんからお手伝いしますので交換しましょう。
早くしてね。

声かけのポイント

自尊心を傷つけないような声かけで手早く行なうようにしましょう。《例》「体調はよろしいですか」「下着を交換しましょう」「隣のお部屋ですっきりしましょう」

常識⑫ オムツ交換時は尿や便、肌の状態を観察する。

オムツ交換チェック

❶利用者の健康状態を確認
❷これからすることの説明と同意
❸カーテンやスクリーン等でプライバシー保護
❹陰部や臀部をきれいにふく
❺男性は前部、女性は後部を厚く(スムーズに手早く!)
❻腹部を圧迫しないように、鼠径部(そけいぶ)は動きやすく

ケアのポイント

オムツをしている部位は褥瘡の発症しやすく、おむつかぶれは一度なってしまうと治りにくいので、ていねいなケアを心がけましょう。

汚れたら速やかに交換する

ていねいに清拭する

乾かす

笠原 先生の ミニミニゼミ

排尿・排便・飲食の時間や1回の量・状況を記録する排せつ日誌をつけましょう。数日間継続してつけるとその人のだいたいのパターンがわかってきます。早期に異変に気づくことができ、その人に応じた介助に役だちます。

片麻痺でもお風呂に入れる？

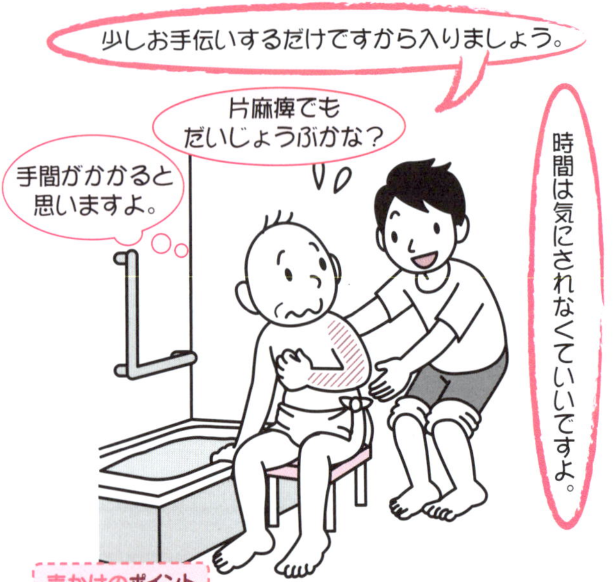
少しお手伝いするだけですから入りましょう。
片麻痺でも だいじょうぶかな？
手間がかかると 思いますよ。
時間は気にされなくていいですよ。

声かけのポイント

利用者の意向や意思を尊重し、入浴したくなるような声かけをしながら動作を確認します。本人の能力を生かしながらできることは、自分でしてもらうよう援助することが必要です。《例》「温まってよく眠れますよ」「○○さん、お風呂に入られますか」「湯かげんはいかがですか」「関節の痛みが楽になりますよ」「手すりを持ってくださいね」

常識⑬ 片麻痺の人の入浴介助は健側の手脚を優先させる。

入浴介助の手順

体力を消耗するため、体の状況によっては短時間で行なうことが必要です。

❶利用者の健康状態の確認（バイタルチェック）
❷介助の説明と同意
❸排せつの確認
❹湯温や室温の調節
（本人の好みに合わせる）
❺環境の安全確認
❻プライバシーを守る
❼シャワーチェアから浴槽への安全な移乗
❽入浴介助（体調や皮膚の観察）
❾入浴後のは水分補給

温度チェック

笠原 先生の ミニミニゼミ

入浴は高齢者の楽しみのひとつです。寝た切りや体力低下などのために入浴できない人にも心地良さや爽快感を味わっていただきます。一方、拒否される人もいます。「ちょっと服を着替えませんか？」と脱衣室に行き、「ついでにお風呂に入りませんか？」と誘ってはいかがでしょうか。

清拭はどうして必要なの?

「清拭」って何?
体をふいて清潔に保つことですよ。
きちんと清拭すると体のかゆみや肌のトラブル、感染症も防ぐこともできるんですよ。
自分でできる所はしますからね。

声かけのポイント

清拭の主な役割は入浴できない人の体を清潔にすることです。その結果、皮膚のトラブルを早期発見したり血流の促進という効果があります。皮膚の健康状態を観察する絶好の機会といえるでしょう。プライバシーを守りながら、露出部分はできるだけ少なくバスタオル等を利用しながら行ないます。《例》「お体をふかせていただきます」「どこかかゆい所はありませんか」

常識⑭ 清拭は「保温」「プライバシー保護」「羞恥心」配慮。

清拭の目的

- ▶皮膚の汚れを落とす
- ▶気持ちを良くする
- ▶血行をよくする
- ▶床ずれ（褥瘡）を防ぐ
- ▶感染症を予防する

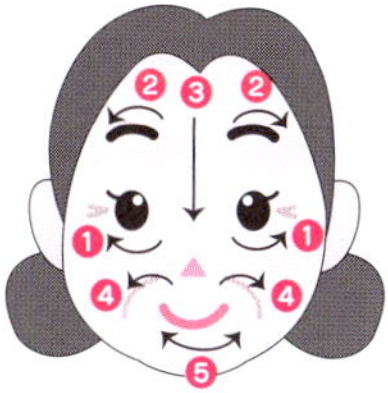

清拭のしかた

●顔…シワを伸ばすようにしながら目頭から目尻に向けて、額→鼻→ほお、口の回りは内側から外側にふきます。耳の後も汚れがたまりやすいのでふきましょう。

●両腕・手…手首を軽く持って手から肩へ向けて、わきの下や関節部はていねいにふきます。拘縮のある場合は小指側からタオルを押し込み広げるようにしてふきます。

●両足…ひざを立てて関節（足首や膝の後）を支え、足の先から、付け根に向けてふきます。

●胸…胸は円を描くようにしてふき、女性は胸の下に汗がたまりやすいため胸を持ち上げてふきます。

●腹部…腸の走行にそっておへそから「の」の字を描くようにふきます。

●背中…横を向いてもらって背中はらせんを描くようにふきます。

※背中やおしりは床ずれしやすく、血行をよくするためにマッサージする感じでするとよいでしょう。

現場の先輩からのアドバイス

清拭の注意点としては、その日の体調（熱・痛みなど）を確認する、室温などの環境を整える、空腹時や食後は避ける、汗のたまりやすい部分は特にていねいにする、など。特にバスタオルなどを使って肌の露出を最低限に抑えることが大切です。

Q 車イス介助で気をつけないといけないことは？

A 利用者の体格や症状によって適した車イスの種類などは異なります。きちんと適合チェックをしておきます。また、使用する前にゆっくりとしたスピード、急な方向転換や急発信・急停車をしないなど、注意して介助を行ないましょう。

Q 歩行介助のときに麻痺側に立つのはどうして？

A 麻痺側へ転びやすいからです。バランスを取るために健側に少し前傾姿勢を取る人が多く、前方や麻痺側に傾きすぎてしまったときに転倒してしまいます。麻痺側に立って支えることで、重心が前後左右、どこかに傾きすぎないように配慮することができます。

Q パーキンソン病の人の歩行介助は？

A 重心移動の低下が歩行障害の主な原因です。骨盤などをしっかり持って重心移動を介助します。「腰を伸ばしましょうか？」などと随時声かけを行ない、姿勢を正してもらいます。前に足が出ないときは足をそわせて振り出しを手伝います。

Q 視覚障害者の手引き歩行で気をつけたいことは？

A 最初に「○○です」と名前を言い、「お手伝いをしましょうか」の声かけをしてから誘導します。介護者は半歩前に立ち、前方の危険を早く察知するようにします。利用者に介護者のひじのすぐ上を握ってもらいます。介護者腕が開かないようにわきを締めて歩きましょう。

Q 入浴拒否をする人にはどうしたら？

A 恥ずかしい、転倒したことがある、疲れる、嫌いな介護スタッフ…さまざまな角度から理由を探ってみます。一方、入浴されたようすをきちんと振り返ることも大切です。不安や羞恥心を解消し、楽しんでもらう工夫をしてみましょう。

Q 手足の清拭をする場合に気をつけたいことは？

A 手首から腕の付け根（抹消か中枢）に向けてふいていくとマッサージ効果で血行がよくなります。指の間やわきの下もていねいにふき、胸部は円を描くように、腹部は腸の走行に沿ってふいていきます。

Q シーツ交換でしわを作らないようにするのは？

A しわやたるみがあると局部が圧迫されて循環障害を起こしやすく、床ずれ（褥瘡）の一因になる危険性があります。糊付けをしないのもシーツと体の摩擦を軽減するためです。作業中や移動してもらうときは無言で行なわないで必ず説明など声かけをしましょう。

Q おしり周りのスキンケアはどうしたら？

A 高齢者は新陳代謝の低下などで皮膚のトラブルを起こしやすく、微生物や細菌が繁殖しやすい状態にあります。陰部洗浄と併せ、適切な保湿と皮脂量の保持をまめに行ないます。また、失禁の量や体型、体の動きなどを考え紙オムツや尿取りパッドを高齢者に合わせて適切の使うとよいでしょう。

コラム

ワンランク上の聴きじょうず術

「聴きじょうず」というのは、高齢者の得意分野についてコミュニケーションするように心がけることです。得意分野の話題なら次から次へとおしゃべりしてくれることが多いようです。介護職はその話をしっかり聴くことが大切です。

高齢者は「私の話を聴いてほしい」「もっと話を聴いてほしい」「たくさん話を聴いてほしい」…と思っています。

❶ 笑顔で相手の目を見る。

高齢者のほうを向いて(斜め45度)、高齢者の顔を見ます。視線を合わせすぎると相手が緊張するので眉や鼻の辺りで、あなたの話を聞きますと言う姿勢が大事です。

❷ 効果的に相づちを打つ。

相手の話の途中に合いの手のようにうなずきます。「なるほど」「そうなんですか」「それでどうされたのですか」などの相づち言葉を入れると相手は話しやすくなります。

❸ 心から共感する。

「楽しかったでしょうね」「つらかったでしょうね」などと、相手の言葉を確認しながら自分の感情を伝えます。共感の言葉を添えると「わかってくれている!」と思い、いっそう会話に弾みがつきます。

❹ 会話のキャッチボールをする。

時には質問をして話を盛り上げるようにします。質問のしかたには2通り(クローズド・クエスチョンとオープン・クエスチョン)(P.70)あります。使い分けてじょうずに会話のキャッチボールをしましょう。

Ⅱ

介護の常識おさらい

[健康]

バイタルチェックをするのは？

どうして骨折しやすいの？

注射をしてくれないのはなぜ？

眠れないのはどうしたら？

バイタルチェックをするのは?

血圧、脈拍、呼吸、体温など

毎日する必要があるの?
健康管理の第一の目安になりますし今の体調だけではなく、病気の早期発見にもなりますよ。
体調の変化を見逃さないために、できるだけ毎日計測して記録しておきます。

※いつもと違うようすがあれば、気にしていることを伝える。

声かけのポイント

声かけをしながらさりげなく体調チェックをしましょう。《例》「体調はいかがですか?」(しゃがんで利用者目線で)、「お手洗いはよろしいですか?」(排せつされた場合、後5分~10分安静にした後に行なう)など

常識⑮ バイタルチェックは心身の観察と通常値の把握。

声かけの例

元気のあるなし
明るく元気に「おはようございます」高齢者の返答や表情などを確認する。

気分の善し悪し
「ご気分はいかがですか?」「お疲れではありませんか?」

睡眠の状況
「よく眠れましたか?」「お目覚めはいかがですか?」

発熱や頭痛の有無
「熱っぽくないですか?」「お医者様に相談しましょうか?」

高齢者のバイタルチェック

体温 5℃台と低め。基礎代謝や血液循環の低下、皮下組織の減少によって低くなる。

脈拍 正常値は50~80/分ぐらいまで。100を超えてくると頻脈。脱水、発熱、炎症の疑いあり。

呼吸 正常値は15~20回/分ぐらい。年齢や精神状態などで変化する。

血圧 診察室血圧140/90mmHg未満、家庭血は135/85mmHg未満(高血圧治療ガイドライン:日本高血圧学会血圧)。

笠原 先生の ミニミニゼミ

高齢者は個人差が大きく、年齢の幅が65歳から100歳以上と開きがあります。ふだんのようす(体調が良好のときの数値　など)を把握し、変化を読み取ることが大切です。このほかにも、顔色や表情のよし悪しなども見逃さないようにしましょう。

つめで健康状態がわかる？

薄いピンク色をしていますね。健康状態は良好ですよ。
体調チェックでつめを見るのは？
どうしてわかるの？
つめの色や形の変化で健康状態がわかるからですよ。
つめはもとは皮膚の一部の角質が変化したもので、皮膚と同じように栄養不良や炎症などの異常を知ることができるんですよ。
病気のサインでもあるのですね。

声かけのポイント

つめは健康のバロメーターと昔からいわれています。よい状態のつめの色なり形を知っておけば、現在のつめの状態が正常なのか異常なのか比較できます。《例》「手を見せていただけますか」「つめを切らせていただいていいですか」「切りすぎないように気をつけます」

常識⑯ つめの変化で病気などの体調チェックができる。

つめの切り方

- どのくらいのつめの長さがよいのか本人に確認します。
- 硬く分厚いつめは切る前に手をぬるま湯につけておきます。
- 肉を挟んでいないか確認してから切ります。
- 巻きつめにならないようにつめの両角は丸く切らずにまっすぐ切ります。
- 高齢者は皮膚やつめが乾燥しやすいため、つめやすりを用いて滑らかに整え、クリームを塗って保湿する。

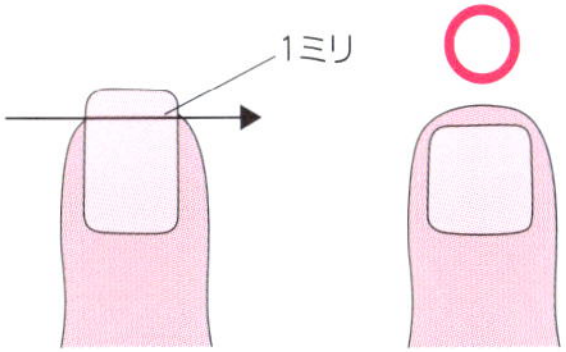

病気の症例

- スプーンづめ（つめの反り返り）
  鉄欠乏貧血症など
- つめ甲剥離症（つめの下の皮膚からのはがれ）
  甲状腺の病気、バセドー病、多汗症、カンジダ感染など
- ばち状指（指先が太鼓のばちのように膨張）
  肺疾患（肺がん・肺線維症など）、心疾患など
- 爪甲点状陥凹（つめの点状へこみ）
  円形脱毛症など.

現場の先輩からのアドバイス

足のつめは基本姿勢、立つ、歩くという基本動作の要として、力のバランスを取る大きな役割を果たしています。介護予防事業の中に「足指・つめのケアに関する事業」があります。フットケアの重要性が認識されてきています。

水を飲まないとどうなるの？

お茶を飲みなさいと
うるさく言うのは
どうして？
加齢とともに体の中の水分は減っていくし
のどの渇きを感じにくくなって、
脱水症を起こしてやすいからですよ。
脱水症を起こすと
どうなるの？
熱中症やひどいときは
血液が濃縮されて
脳血栓になることも
あるんですよ。
怖いですね。
水分をとるようにします！

声かけのポイント

普通の生活の中でどのように水分をとっているかを確認します。特に発熱時、下痢・嘔吐、熱中症のときは要注意です。《例》「のどが渇いていませんか」「飲み物をお持ちしましょうか」

常識⑰ 脱水症になりやすい高齢者にはこまめに水分補給。

高齢者の体の変化と脱水症状

変化❶ 水分を蓄えるための筋肉が減少
→体内の水分量が少なくなる

変化❷ 水分調節の重要な腎臓の機能が低下
→老廃物を排出するための尿量が多くなる。

変化❸ 体の感覚の鈍化
→のどの渇きなどを感じにくくなる。

▼気づいたときには脱水症状。

悪化すると意識レベルが低下する。状態が悪化すると昏睡状態が悪化すると、死に至ることもある。

脱水症の予防

飲み物だけで補うのは難しく水分量の多い食事を心がけることが大切です。特に夏場の脱水リスクが高くなるため注意が必要です。ブドウ糖や塩分を少し摂取するのも効果的です。また、水分を補給しやすい環境づくりを心がけましょう。

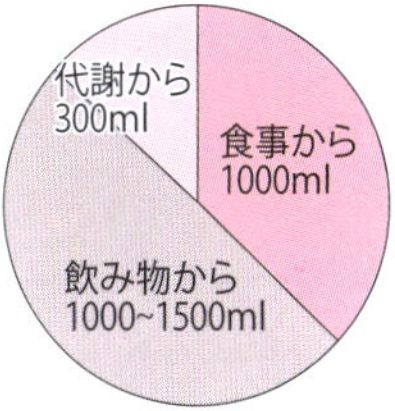
代謝から
300ml
食事から
1000ml
飲み物から
1000~1500ml

高齢者における一日の水分必要量の目安

笠原 先生の ミニミニゼミ

たかが水分不足と軽く見てしまいがちですが、侮ることなく適切な水分補給を心がけましょう。高齢者は体内の総水分量が少ないうえ、腎機能や各調整機能、感覚機能の低下などで、ちょっと油断すると脱水症状態のなることがあります。

どうして骨折しやすいの？

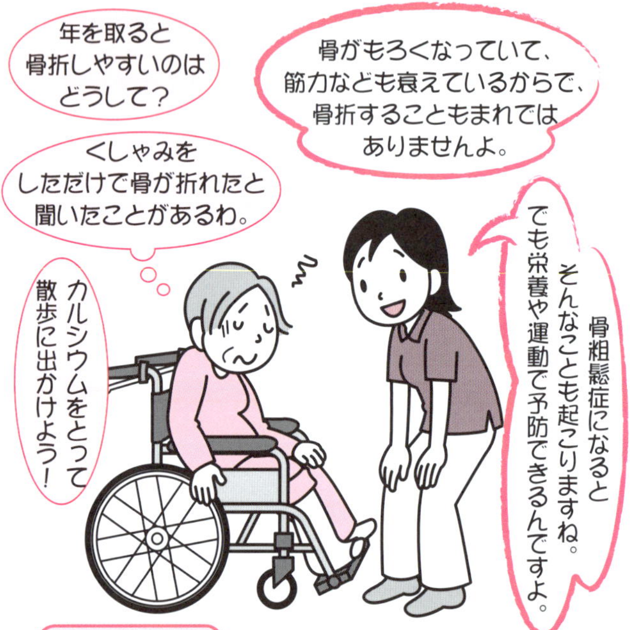
年を取ると骨折しやすいのはどうして？
骨がもろくなっていて、筋力なども衰えているからで、骨折することもまれではありませんよ。
くしゃみをしただけで骨が折れたと聞いたことがあるわ。
カルシウムをとって散歩に出かけよう！
骨粗鬆症になるとそんなことも起こりますね。でも栄養や運動で予防できるんですよ。

声かけのポイント

骨の密度は加齢とともに低下してきます。特に女性は閉経後に急激に骨密度が低下してくるため注意が必要です。《例》「お散歩は骨をじょうぶにしますよ」「バランスの取れた食事が大事ですよ」「痛みを感じたらすぐにおっしゃってください」

常識⑱ 必要な栄養と適度な運動で骨密度が上がるように。

骨折の疑いがある症状

- ●強い痛みがある
- ●腫れや変形がある
- ●動かすと痛みがひどくなる
- ●骨が飛び出している
- ●血圧が高くなっている

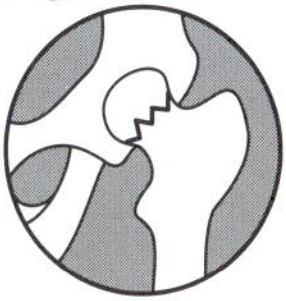

太ももの付け根の骨折を
大腿部骨折といいます。

骨の役割

- ●**姿勢を保つ働き**…骨格として体を支える。
- ●**内臓を守る働き**…衝撃に弱い脳や内臓を守る。
- ●**運動の支点となる働き**…骨についた筋肉が収縮することで運動が起こる。
- ●**血液を作る働き**…骨の中の骨髄で血液は作られる。
- ●**カルシウムやリンを貯蔵する働き**…体内に必要なミネラルの調節を行なう。

現場の先輩からのアドバイス

要介護と認定される原因はいろいろありますが、中でも多いのが転倒による骨折です。大腿骨など下半身の骨折が多いため立ち歩くことができず車イスの使用や寝た切りの原因になります。骨粗鬆症と転倒の2つを予防することが大切にです。

よく転ぶのはどうして?

転びそうになったが、
足腰が弱くなったのかな？
関節や筋力の衰えだけでは
ないのですよ。
視力やバランス感覚の
低下もありますね。
予防するためには
どうしたら？
しっかり足を上げて歩きましょう。

声かけのポイント

《例》「年を取ってくると若いころと違うので気をつけましょう」「ゆっくり歩きましょう」「めまいやふらつきはありませんか」

常識⑲ 転倒予防にはつま先上げとかかとからの着地を促す。

転倒の原因

身体状況と生活環境のバリアフリー化などの予防処置があります。

心身の状況

- **体の状態の変化**…力が弱くなる･バランスが悪くなる･視野や視力が悪くなる･感覚が鈍くなる
- **精神･心理面**…焦り、不安、緊張、興奮、注意力不足
- **薬の副作用**…多種類の服薬

生活環境

- **履物**…脱げやすいもの･滑りやすいもの
- **床の状態**…デコボコ･小さい段差･滑りやすさ
- **明るさ**…夜間などの足元
- **床の障害物**…電気コードやカーペットなどの折れ端･滑りやすいマット　など

転倒を予防するには

転倒を予防するには上記のそれぞれの原因に対して対策を立てる必要があります。また、筋力トレーニングやバランス運動など複合的な運動を行なうことが必要となってきます。

■足元を安定させる　■視覚的にわかりやすくする
■動線を確保する

笠原 先生の ミニミニゼミ

転倒予防体操をおすすめします。太ももの前側や後ろ側、外側、ふくらはぎ、股関節の前に筋肉を付けましょう。イスに座って、ひざを伸ばしたり、かかとを突き出したりする簡単なものから始めるとよいでしょう。

どうしてリハビリをするの?

リハビリを何のためにしないといけないの？
今の能力を維持するために必要なのですよ。(残存能力)
つらくてもがんばらないといけないのですね。
今の生活を維持していきましょう。

声かけのポイント

始める前に目的を伝え、目標を設定したやり方や所要時間を説明し、褒めて励ます声かけを心がけます。やる気の強制や命令口調の声かけは厳禁です。《例》「いっしょにがんばりましょう」「今日はロビーまでいっしょに歩きませんか」

常識20 リハビリの目的は「予防」と「能力の維持・改善」。

ボディメカニクスとは

声かけによって勇気づけ、モチベーションを上げていくことが大切です。意欲次第でリハビリの進み具合も左右されます。できていない部分の指摘をしないで「できた部分」を評価すれば効果が見えてきます。

- 褒める…「がんばりましたね」「すごいですね」「すばらしい」「いいですね～」
- やる気を出す…「顔色がいいですね」「今日は準備が早いですね」「前よりしっかり歩いてらっしゃいます」
- 共感する…「私もうれしいです」「いっしょにがんばりましょう」

脳血管障害のリハビリ

- **「急性期」(発症してから1～2週間)**
  体位変換や関節可動域訓練、言語訓練などを行ないます。
- 「回復期」(症状がある程度安定してきた時期)
  食事や歩行、会話など日常生活に必要な機能を回復させる訓練を行ないます。
- 「維持期」(回復機能が衰えないように維持)
  在宅や施設、リハビリセンターなどで行ないます。

ナースからのアドバイス

リハビリにはさまざまな療法があります。例えば、●理学療法…関節可動域の増大や歩行訓練、マッサージなどを行なう。●作業療法…指先などの訓練など「作業すること」を通して身体的・精神的に回復を図る。●言語聴覚療法…検査や訓練を通じて発声、発語、聴覚、摂食、嚥下などの機能を回復させる。

手袋やマスクをするのは？

いつも手袋をしているのはどうして？
皆さんは抵抗力が低下しているのでいろんな細菌に感染しやすくなっているからですよ。
私たちのためなんですね。
私たちが感染源にならないために手袋やマスクを使用しています。

声かけのポイント

予防のためだからといって「しっかり手を洗ってください」などと命令口調にならないように気をつけましょう。《例》「手洗いましょうか」「かぜがはやっているので気をつけてくださいね」「食事の前に手指の消毒をするときも手の消毒をさせていただいてよろしいでしょうか」

常識㉑ 感染予防は感染源除去、感染経路遮断、抵抗力アップ。

主な感染経路と原因物質

感染経路	特　徴	主な原因微生物
空気感染	空中に浮遊し、空気の流れにより飛散する。	結核菌、麻しんウイルス、水痘ウイルス　など
飛沫感染	せきやくしゃみ、会話などでの飛沫粒子(5μm以上)によって伝わる。	インフルエンザウイルス、風しんウイルス、レジオネラ属菌　など
接触感染(経口感染含む)	手指・食品・器具を介して伝わる。	ノロウイルス、腸管出血性大腸菌、MRSA(メチシリン耐性黄色ブドウ球菌)、緑膿菌　など
血液感染	病原体に汚染された血液や体液や分泌物が、体内に入ることにより感染する。	B型肝炎ウイルス、C型肝炎ウイルス、HIV(ヒト免疫不全ウイルス)　など

感染症に対する対策の3本柱

①感染源の排除

②感染経路の遮断

③宿主(ヒト)の抵抗力の向上

笠原 先生の ミニミニゼミ

症状がほとんど出ないことがあります(不顕性感染)。このような人を無症状病原体保有者(健康保菌者・キャリア)といいます。また、病原微生物が身体の中に入って症状が出るまでの期間を"潜伏期間"といいます。

どうして便秘になるの?

ここ2〜3日便通がないのだけれど。
便秘かもしれませんね。
どうして便秘になるの？
年を取ると消化器や排便をする機能が少しずつ衰えるからですよ。
便秘は解消できる？
排便を促す食物繊維の豊富な食品や水分を多くとったり、運動をすることで解消できます。

声かけのポイント

羞恥心や遠慮から排便をがまんして便秘になることもあります。早めに察知しましょう。《例》便が出たときは、はいっしょに喜びましょう。「行きたくなったら声をかけてください」

常識㉒ 便秘対策は決まった時間のトイレ習慣から。

消化と排便のしくみ

- 食物は口中で消化酵素を含んだ唾液と混ぜ合わされて胃に送られる。
- 胃で消化酵素を含んだ胃液が分泌され、食物は溶かされて十二指腸に送られる。
- 十二指腸で消化酵素を含んだ膵(すい)液が送られて分解が進み、小腸から栄養分が吸収される。
- 最後に、結腸(大腸のうち直腸に至るまでの部分)で食物のかすが分解され、残りの水分が吸収され排便となる。

胃～大腸までの消化管は常に蠕動《ぜんどう》運動をして食物を順に送っています。

高齢者の便秘の特徴

多くは体のさまざまな機能の衰えが便秘の引き金になり、便の量や質の変化をきたしてしまいます。

- 胃腸の消化機能が衰え、便を送りだす蠕動運動も弱くなる。
- 歯や嚥下機能の衰えで食事量や内容が変化して、便意に影響を与える。
- 全身の運動機能の衰え、排便姿勢を取ることが難しくなる。

笠原　先生の　ミニミニゼミ

排便がたとえ1週間なくても本人は困っていない場合もあります。「毎日便を必ず出さなきゃいけない」という固定観念は捨て、その人に合った排便リズムを見つけることが大切です。

入浴前後に体調チェックをするのは？

血圧・脈拍・体温などの
チェックを行ないますね。
どうして？
水分をとっておきましょう。
お風呂は
いつも楽しみ…。
入浴後にも体調チェック
させていただきますよ。
※入浴は体力を消耗する
のでは体調が不良のとき
はやめておきます。

声かけのポイント

入浴は高齢者の気分転換になります。また、入浴時に裸になると、全身の状態が把握できます。《例》「お風呂に入りましょうか」「湯船につかると気持ち良いですね」「体がポカポカしてきませんか」

常識㉓ 入浴時は欠かさず体調、環境、温度をチェック。

入浴の効用

●**皮膚を清潔に保つ**
汗などの老廃物、雑菌の繁殖を招く陰部の汚れをきれいにし、かぶれ、床ずれ(褥瘡)を防ぐ。

●**血行よくして新陳代謝を促す**
洗身・洗髪で刺激を与え、運動不足や疾患で筋肉や関節がこわばっている場合も入浴によってやわらぐ(リハビリ効果)。

●**ラックスと安眠を誘う**
入浴による心地良い疲れで心身の緊張をほぐす。副交感神経が刺激されてしぜんな眠りを招く。

入浴事故予防のために

●適度な湯温(38～41℃)で長湯をしない。
●脱衣場や浴室の室温に気を配る(特に冬場)。
●食事直後や夜遅くには入浴しない。
●心肺の慢性疾患や高血圧症を持つ人では半身浴が望ましい。

笠原 先生の ミニミニゼミ

体重減少や関節の変形などにも気づきやすいのは入浴時です。床ずれや皮膚炎の前兆でもある皮膚の赤みや乾燥度合をさり気なくチェックしておきましょう。

薬を飲むタイミングは？

食後って、いつ飲めばいいの？
食事をしてから30分くらいの間に飲んでくださいね。
薬によって飲むタイミングが違うのはどうして？
食間
毎食後
朝夕
薬によって吸収のされ方が異なったり、効き目にも違いがあったりするからですよ。

※飲み忘れや飲み間違いといった服薬過誤を招きやすいので注意！

声かけのポイント

薬剤の使用法や注意事項についての正しい知識を持っておきましょう。わかりやすい言葉で具体的な声かけをすることが大切です。《例》「○○のお薬飲んでおきましょうか」「○○のお薬は飲まれましたか」「食後に水で服用してくださいね」など。

常識㉔ 食前・食後・食間を守って正しい服薬管理。

薬の正しい服用方法

食　前	**食事をする30分くらい前** 胃の中に食物が入っていると効果が弱まる医薬品や、食事中の効果を期待している医薬品 例：胃腸薬（健胃作用）、糖尿病薬、漢方薬　など
食　後	**食事をしてから30分くらいの間に** 消化剤や胃に負担をかけやすい医薬品 例：風邪薬、胃腸薬（消化作用）、解熱鎮痛剤、　など
食　間	**食事をしてからおおよそ2時間後が目安** 食事の影響を受けやすい医薬品 例：胃腸薬（胃粘膜修復剤）、漢方薬　など
就寝前	**就寝の1時間ぐらい前** 薬の効果が出始めるまでには、服用後30分程度はかかる。 例：睡眠薬　など

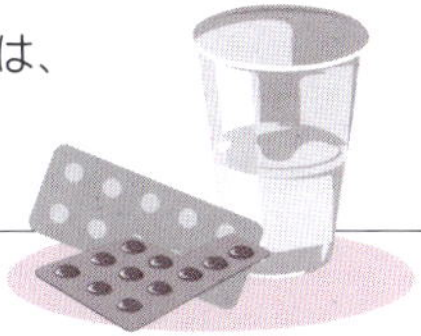

笠原 先生の ミニミニゼミ

服薬確認と管理をきちんとしましょう。①服用の確認…きちんと（正しく）飲んでいるかなど。②飲み合わせの確認…複数の薬やサプリメントとの飲み合わせについて薬によって摂取に注意すべき食品の指導など。③薬の管理…個人や施設内での管理確認。

注射はしてくれないの？

インスリン注射をしてもらえますか？
法律で医療職（医師や看護師など）に限られていて、ご本人やご家族に代わってインスリン注射をすることはできないのです。
ほかにしてもらえることはあるんですか。
私たちもできる医療行為はいろいろあるのですが、研修や看護師さんの指示が必要なのですよ。
点滴
無理を言ってすみませんでした。

声かけのポイント

利用者や家族から頼まれることがあっても、介護職できる医療行為を逸脱しないようにします。《例》「ぐあいはいかがですか」「お医者様に聞いてみますね」「看護師さんが○○と言っていましたよ」

常識㉕ 介護職の医療行為は医師・看護師との連携が不可欠。

介護職ができる医療行為

医師や看護師の指示のもとで行ないます。

◆検温　◆血圧測定(自動測定器)
◆動脈血酸素量を測定するパルスオキシメーターの装着
◆軽度の切り傷やすり傷、やけどなどの処置
◆軟膏の塗布(床ずれの処置を除く)
◆湿布の貼り付け
◆目薬の点眼、鼻粘膜への薬の噴霧の介助
◆薬の内服　◆座薬の挿入　◆つめ切り
◆歯ブラシや綿棒などを使った口腔清掃
◆耳あか除去(塞栓の処置を除く)
◆人工肛門のパウチにたまった排せつ物の廃棄
◆排尿補助でのカテーテルの準備、体位の保持
◆市販の器具を用いた浣腸(かんちょう)
◆たんの吸引や経管栄養の一部　など

ナースからのアドバイス

一部の医療行為(胃ろうや経鼻経管栄養)は、定められた研修期間で研修を受けると、都道府県知事から認定証が交付されます。一定の条件のもとですることができるようになりましたが、慎重に実施するようにしましょう。

何もする気になれないのは？

よく眠れていますか？
どこか体のぐあいは悪くないですか？
ご心配ならお医者さんに聞きますから相談してくださいね。
なにもかもめんどうだわ～
最近は食欲がなく、物忘れが増えたし、くよくよ考えてしまう。

声かけのポイント

「いつもと違う」状態に気づき、不調を察知したら声をかけ、苦しみに耳を傾けます。そして心配しているというメッセージをさりげなく伝えましょう。《例》「体調はどうですか？」「何か困りごとがあるのですか」「何かあったら相談してくださいね」「無理しないでくださいね」

常識26 うつ病は「早期発見、早期治療」。治療には薬と休養。

高齢者のうつ病のサイン

- □ 以前と比べて元気がなく表情が暗い。
- □ 人との交流を避けるようになる。
- □ 外出をしなくなる。
- □ 趣味などに興味をなくす。
- □ ミスや失敗が目だつようになる。
- □ 体の不調を訴える。
- □ 会話をしなくなる。
- □ 食欲をなくす。

■うつ病は本人も周囲の人も気づきにくい!

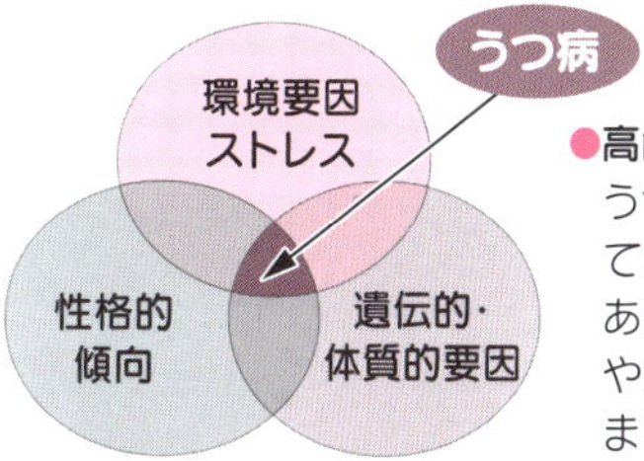
うつ病
環境要因
ストレス
性格的
傾向
遺伝的・
体質的要因

●高齢者に起こりやすい精神障害

うつ病はさまざまな要因が重なって発症することが多いようです。あきらめないで、高齢者の関心事や生活スタイルを踏まえて対応しましょう。

笠原 先生の ミニミニゼミ

高齢者の場合は加齢や慢性疾患に加え、さらに多種多様な環境因子やストレスが加わりやすくなります。また、認知症と間違われるケースが少なくありません。記憶障害や気分の落ち込み、意欲や集中力の低下、イライラ感などの症状がよく似ています。心身の不調に気づいたらなるべく早く医師に相談しましょう。

急に気分が悪くなったときは？

急な病気が不安！
救急車は呼んでもらえるの？
安心しました！
お医者さんや看護師さんがすぐきてもらえるし私たちがついています。だいじょうぶ。
スタッフがお互いに連携して対応します。

声かけのポイント

ぐあいが悪そうな場合は原則としてほかの人に聞かれないように配慮します。《例》「どうされましたか」「お熱を測りましょうか」「おなかのぐあいはいかがですか」「お体をさすりましょうか」「ご気分が悪いのですか」

常識㉗ 急変時対応マニュアルを周知徹底する。

どんなときに救急車を呼ぶの？

□量の出血を起こしたとき（けが・吐血・下血　など）
□けいれんが続いているとき
□広範囲にわたるやけど
□骨折（疑も含む）で動けなとき
□熱中症　□窒息　□めまい　□熱中症
□激しい喘息発作　□腹痛（急性腹症）
□激しい胸痛（心筋梗塞）
□激しい頭痛・くも膜下出血・脳出血　□心肺停止
◎判断が難しい場合は119番で救急要請しましょう。

急変時の手当て

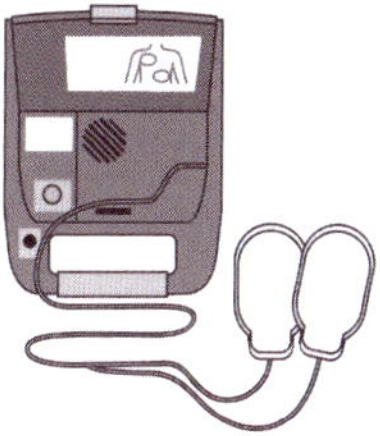

●手当ての目的は「救命」「苦痛の軽減」「悪化の防止」です。救急車が到着するまでの数分が命を大きく左右します。人工呼吸や心臓マッサージ、AEDの使用など急変対応の知識や技術を身につけておきましょう。

笠原 先生の ミニミニゼミ

高齢者は「発熱」「脱水」「転倒」「出血」「嘔吐」「窒息」など、急に何が起こるかわかりません。冷静に対処するためのふだんのようすの理解、緊急時の連絡先や情報を常に共有することが大切です。

寝つきが悪いのは年のせい?

夜中に目が覚めやすく、
熟睡した感じがしないのは?
若いときと違って加齢とともに
眠りが浅くなりますからね。
どうしたらいい?
あまり気にしないほうがいいですよ。規則正しい生活をして、適度な運動をするとよいですね。

声かけのポイント

日常生活で支障がない場合は特に睡眠について心配する必要はないと、安心する声かけを心がけましょう。《例》「お話してみませんか」「眠れないときは遠慮なく声をかけてくださいね」

常識28 睡眠障害の対応には生活習慣の調整と環境づくり。

加齢に伴う睡眠の変化

入眠困難	寝つきが悪くなる。
熟睡困難	眠りが浅くなる。
中途覚醒	夜中に何度も目が覚める。
早朝覚醒	朝早く目覚めて再入眠できない。

加齢が原因の不眠の改善

- 室温や照度など就寝環境を整える。
- 毎朝起きる時間を決める。
- 規則正しい食生活をする。
- 午前中に日光を浴びる。
- 日中にベッドを使用しない。
- 定期的に身体運動する。など

笠原 先生の ミニミニゼミ

年を重ねるごとに1日の睡眠時間が減るのはしぜんなことです。加齢による変化だけでなく、「眠れない」という訴えに別の疾患が隠れていることがあります。見守ることで疾患に気づき、医師に相談するようにしましょう。

Q 手首で脈が取れない場合はどうしたら？

A ひじの内側（上腕動脈）や首（頚動脈）で脈を確認します。首で測る場合は測定する側の反対方向に顔を向けて、あごの骨の下（首）部分に指先を軽く当てます。

Q 高齢者が誤嚥性肺炎にかかりやすいにはどうして？

A 異物（口の中の細菌）が気管に入った場合、普通ならせきをして外に出したり、気管の粘膜の繊毛活動で外に排除したりします。加齢とともに排除する力が低下し、異物が気管に入るとさらに抵抗力や免疫力が下がって誤嚥性肺炎になりやすくなります。

Q 年を取ると骨粗鬆症になりやすのはどうして？

A 体内のホルモンが変化するためで、このほか胃酸分泌の低下や腸の吸収能力の低下、腎臓での尿へのカルシウム排せつの増加なども原因になります。骨粗鬆症は高齢者に多く見られ、特に女性の場合は閉経後の数年間は急激に骨量が減少します。

Q 室内でも熱中症にかかるのはどうして？

A 高齢者は加齢によって体質が水分不足ぎみになり、心身の感覚も鈍くなって暑さやのどの渇きを感じにくくなっています。また食が細くなるため食事からとる水分量が不足しがちです。トイレの頻度を減らすために水分を控える高齢者も多いようです。

Q 高齢者に低い声で話しかけるといいのはどうして？

A 老人性難聴は高い音域が聞き取りにくいのが特徴（感音声難聴）です。低めの声でゆっくり話かけましょう。よりよいコミュニケーションを図るためには、加齢による身体の特徴や変化を的確に把握することが大切です。

Q おしり周りのスキンケアはどうしたら？

A 高齢者は新陳代謝の低下などで皮膚のトラブルを起こしやすく、微生物や細菌が繁殖しやすい状態にあります。陰部洗浄と併せ、適切な保湿と皮脂量の保持をこまめに行ないます。また、尿量や体型、体の動きなどを考え紙オムツや尿取りパッドを使うとよいでしょう。

Q 頭皮や毛髪はどうしたら？

A 頭皮や毛髪の汚れや悪臭、かゆみや炎症などの原因になります。効果的なヘアケアで衛生的で健康的な状態を保つようにします。バイタルサイン、頭皮の炎症・傷をチェックし、身体状況に合わせたヘアケアを確認しながら行ないましょう。

Q 「夜間せん妄」に陥ったら？

A せん妄とは意識のレベルが低くなって判断力が低下し、幻覚、不安、恐怖、興奮などの症状を起こすことです。夜に起こることが多く、人によりますが時間がたつと落ち着くといわれます。大声で注意するのは逆効果で、静かに見守ります。できるだけ早めに医師に相談しましょう。

コラム

クローズド・クエスチョン&オープン・クエスチョン

クローズド・クエスチョン

「はい、いいえ」あるいは、「A、B」で答えられる質問です。相手の考えや事実を明確にしたい場面などで有効に使えますが、頻繁に使うと面接や尋問みたいになってしまいがちなので気をつけましょう。初対面の人、話すのが苦手な人、回答に困っている場合に使うと効果的といえます。

メリット
答えやすい

デメリット
話が広がらずにすぐ終わってしまう

オープンク・クエスチョン(答える能力がある場合)

「どう思いますが？」などと相手が自由に答えられる質問です。相手からより多くの情報を引き出したいときに使います。おしゃべりが好きな相手や会話を盛り上げたいときに使うと会話の幅が広がり、効果的といえます。

メリット
会話によって親しみが増す

デメリット
打ち解けてない人に対しては向かない

認知症高齢者など自己決定能力や自己選択能力が低下した人に対しては、ふだんの本人の意向を理解し、選択肢を提示するようなクローズド・クエスチョンは高齢者の自己決定、自己選択を促します。

Ⅲ

介護の常識おさらい［食事］

食事前に舌の体操をするのは？

食事中にむせるのはどうして？

舌の掃除をするのはなぜ？

食欲がないときは？

食事前に口や下の体操をするのは？

食事の前にお口の準備体操をしましょう。
どうして体操をするの？
年を取ると食べ物が飲み込みにくくなりますね。誤えんをしないためですよ。
唾液の分泌も促して飲み込みを助けたり、口の中の粘膜を保護したりするためでもあるんですよ。
おいしく食べるために必要なのね。

声かけのポイント

嚥下体操の目的に「誤嚥予防」があります。誤嚥とは食べ物や飲み物が誤って気管へと入り込むトラブルのことです。嚥下体操を楽しみながら実践してもらいましょう。ただし、体操の強制はやめましょう。《例》「ゆっくり口を動かしましょう」「無理をしないでくださいね」「痛みを感じたら言ってください」

常識㉙ 唾液分泌や血行を促す嚥下体操で食べる機能を向上。

嚥下体操

❶深呼吸 → ❷首の体操 → ❸肩・腕の体操 → ❹ほおと顔の体操 → ❺舌の体操 → ❻唾液腺マッサージ → ❼咳をする運動 → ❽足踏み体操

口腔内の自浄作用をアップさせるために、唾液腺マッサージで唾液腺の分泌を促しましょう。

❶を指全体で優しく押す。

❷を両手の親指でグーッと押す。

❸を両手の指を当て、耳の下からあご先まで優しく押す。

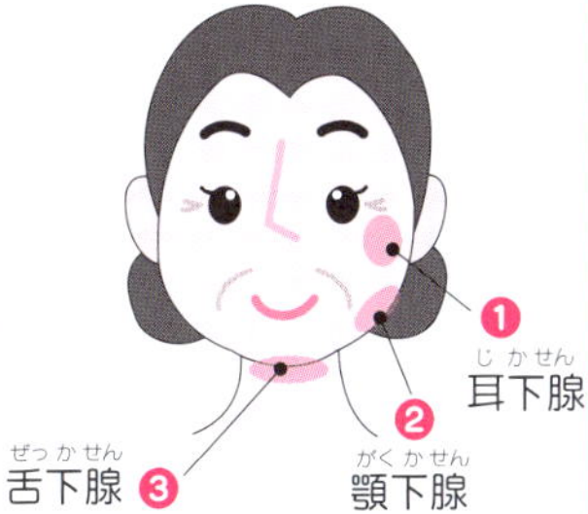

現場の先輩からのアドバイス

加齢にしたがって唾液腺が萎縮し、唾液量は壮年期の半分になるといわれています。唾液の分泌をよくするためには、舌を意識的に動かしたりすることが大切です。

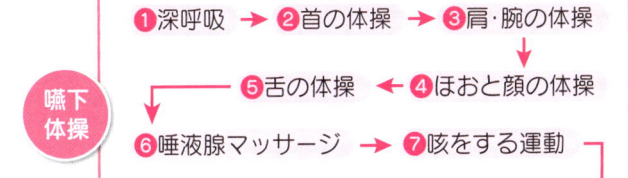

テーブルの高さは合っている？

食べやすい高さってあるの？
座ったときに机の上に置いた前腕が自由に動かせる高さがいいですね。目安はおへその少し上辺りと覚えておくとよいでしょう。
テーブルに合わせてイスも？
はい、イスもテーブルに合わせています。床に両足が着いていると安定しますね。正しい食事姿勢で食べることは誤嚥予防にもなりますよ。

声かけのポイント

きちんとした食事姿勢が取れば、テーブルの上に用意された食べ物がよく見えます。食事の摂取量が増えることもあります。正しい食事姿勢を心がけましょう。《例》「テーブルとイスは合っていますか」「足は床に着いていますか」「お食事にご満足いただけましたか」

常識30 正しい食事姿勢は食欲増進、誤嚥予防になる。

食事姿勢のチェック

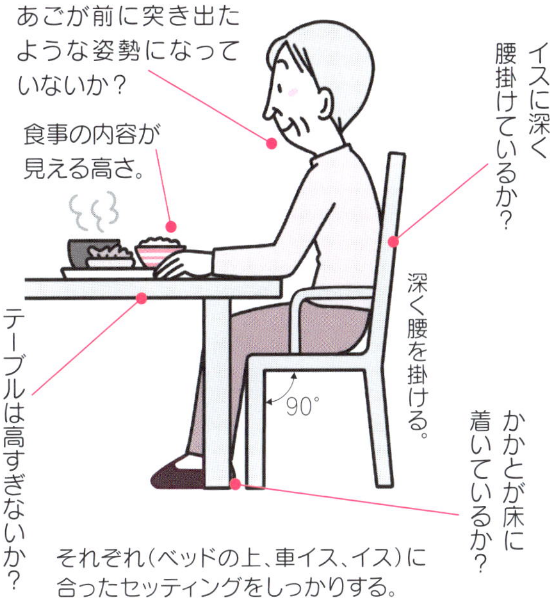
あごが前に突き出たような姿勢になっていないか？
イスに深く腰掛けているか？
食事の内容が見える高さ。
深く腰を掛ける。
90°
テーブルは高すぎないか？
かかとが床に着いているか？
それぞれ（ベッドの上、車イス、イス）に合ったセッティングをしっかりする。

笠原 先生の ミニミニゼミ

食事介護の第一歩は正しい姿勢の保持です。イスも大事で、奥行きは座ったときに背中が背もたれにぴったりとくっつき、姿勢が安定するものを選びましょう。

食事前に口の中を確認するのは？

お食事前にお口を見せてください。
どうして？
お口の中に歯や粘膜などをチェックするためですよ。
そういえば歯はだいじょうぶでも、飲み込みにくくなったなぁ～。
先ほど嚥下体操をしましたね。必要ならとろみ食も用意できますよ。

声かけのポイント

なるべく低い声で、ゆっくりと、ひとつずつを心がけて声かけをします。赤ちゃん言葉は使わないようにしましょう。《例》「お食事をしますよ」「お口を大きく開けてください」「ごくりと飲み込んでくださいね「今度はスープを飲みましょうか」

常識㉛ 食事介助は高齢者と介助者の目線を同じ高さに。

高齢者の特徴

- かむ力が若くなり硬いものが食べにくくなる。
- のどの渇きに鈍くなり、脱水症状を起こしやすくなる。
- 飲み込む力が弱くなり、むせやすくなる。
- 唾液の分泌が減ってしまう。などがある。

食事の基本的な介助

食事に必要なものを用意する。

食事時間には目が覚めるように早めに声かけをする。

排せつは事前にすませておく。

姿勢を整える(できるだけ座位で)。

手指を清潔にする。

ゴクンという嚥下反射があってからひと口、また、入れるようにします。

現場の先輩からのアドバイス

介助の際に真横に座るのはNGです。介護される側の首に負担がかかります。少し斜めに座り正面から召し上がっていただきましょう。多くの施設が行なっています。

食事のときに自助具は必要なのは？

自助具を使ってみましょう。
それって何？
できない動作を補ってくれる道具で、楽にお食事を楽しんでいただけますよ。
自分で食べることができるようになるのね
指先が思うようにならなくてイライラすることもなくなりますよ。
使ってみるわ。

声かけのポイント

自分で食事をすることはよりおいしくいただけ、生活動作として自立へのステップにもなります。自助具は、専門職の意見を聞いてから選びます。《例》「これを使ってみませんか。食べやすくなると思います」「お使いになっていかがでしょうか」

常識32 自立を助ける自助具は麻痺症状に合わせて選ぶ。

食事の際の自助具いろいろ

麻痺の状態などに合わせてその人に適したものを選びましょう。

- **補助付きはし**…2本がくっつきピンセットのように先を合わせることができる。
- **握りやすいスプーン**…グリップが太く軽い力でも握れるようになっている。
- **滑り止め付き食器**…滑り止めが付いていて動きにくくなっている。
- **持ちやすいコップ**…握りやすく、口当たりがよくなっている。
- **滑り止めマット**…片手が使えず食器を抑えられないときに使う。

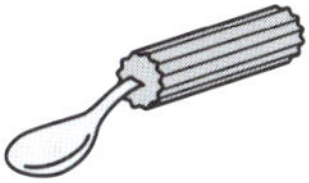

●スプーン
（口に運びやすい）

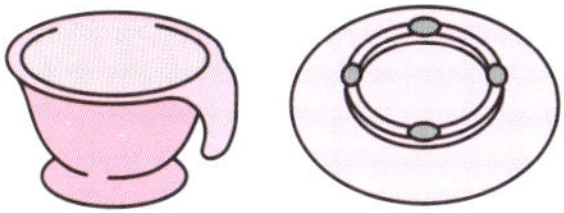

●食器（滑りにくく持ちやすい）

笠原 先生の ミニミニゼミ

食事を楽しむことの条件のひとつは、食事を見て、選んで、自分のタイミングで口に運んで、味わうことです。自助具は自分で食べることをお手伝いしてくれます。自助具の開発に注目しましょう。

食事にとろみをつけるのは?

どうしてとろみをつけるの?
食べ物をゆっくりのどへ流すためですよ。
年を取ると飲み込みにくくなるからね。
誤って気管に入ってしまう(誤嚥)のが防げますよ。
安全にお食事をするためですよ。
のど越しがよいだけではないんだね。

声かけのポイント

何を食べるか見せて、声かけをしながら少しずつ口に運びます。
《例》「とろみがついて食べやすいですよ」「おいしそうですね」「お味はいかがでしょうか」

常識33 人や用途によって適度なとろみの濃さは異なる。

とろみをつけるポイント

- 必要最低限、個々人に合わせた粘度を付ける(基準を守る)。
- 毎日一定の粘度にする(同じスプーンで計り、同じコップ・器を使う)。
- とろみが落ち着くまで待つ。

とろみ剤の活用

誤嚥のリスクが高い人に対して使います。食べ物や飲み物に加え混ぜるだけで適度なとろみをつけることできます。

常食　普通の食事

ソフト食(軟菜食)　軟らかいおかずとお粥(かゆ)など

キザミ食　かみ切る能力が弱い人向け

ミキサー食・流動食　嚥下障害のある人向け

現場の先輩からのアドバイス

とろみの強度はその人の状態に合わせて、薄め(ポタージュスープ状)や濃いめ(ヨーグルト状)などに調整します。最近は加熱しなくても使え、粘性の変化も少ない市販のとろみ剤が使用されています。

食事中にむせるのはどうして?

誤嚥って?
食べ物がうまく飲み込めなくて、
誤って気管に入ってしまうのが誤嚥です。

声かけのポイント

見守りを怠らないようにしましょう。見守りはけっこう難しくハードルが高いです。高齢者ひとりひとりの理解が求められます。もし高齢者がむせたら、落ち着いて対応できるマニュアルの準備と訓練が必要です。顔色など表情を確認しながら声かけをします。《例》「だいじょうぶですか」「落ち着かれましたか」

常識34 嚥下障害はゴックンと飲み込む筋肉を鍛えて解消する。

■むせたときの対処法

食事を一時中断する。

↓

前かがみの姿勢を取る。

↓

食せきをするよう促す。

↓

しぜんにむせが治まるのを待つ。

↓

ゆっくり深呼吸する。

※そばにいる人が落ち着いていると安心します。
背中をさすりながら、落ち着かせてあげましょう。

むせないための食事の注意

- 食事に集中できる環境づくりをする。
- ひと口の量を少なめにする。
- ゆっくりとした食事のペースを心がける。
- 毎回口の中の食べ物を飲み込み状況を確認する。
- 口に食べ物を入れたまま会話をしない。

笠原 先生の ミニミニゼミ

むせるという防御反応が現れない不顕性誤嚥もあります。「むせる」のは防御反応です。むせている高齢者を発見したら落ち着いて対応しましょう。また誤嚥性肺炎の原因には口腔内の細菌も関係しています。口の中を清潔に保つ口腔ケアもとても重要です。

食後すぐ横になっていけないのは？

逆流性食道炎の人は胸やけなどを起こしてやすいですからね。
逆流性食道炎って？
胃液や胃の中身が食道に逆流する病気で食物を飲み下すことができない嚥下障害になってしまいます。
座っておいたほうがいいですね。
胃酸の逆流を防ぐためにはそのほうがいいですね。

声かけのポイント

食後の姿勢だけでなく、おなかを締め付けるものは身に着けないようにしましょう。《例》「胸の辺りに焼けるような不快感はありませんか」「酸っぱさが口まで上がってきていませんか」「もう少しリビングで過ごされませんか」

常識35 胃酸の逆流を防ぐために食後1時間は横にならない。

逆流性食道炎の三大症状

症　状	特　徴
胸やけ	主に食後に起こり、胸に熱いものが込み上げてくるような感じがする
嚥下障害	のどが詰まり、食物を飲み下すことが困難になる
呑《どん》酸《さん》	すっぱいものや苦いものが口まで上がってくる

食生活の改善

逆流性食道炎の人は生活の改善（バランスのよい食生活）が大切です。脂肪の多い食事や食べすぎ、飲みすぎなどは、症状を悪化させてしまいます。症状がひどい場合は医師に相談するようにしましょう。

ナースからのアドバイス

寝た切りで、食事時だけベッドをギャジアップして、全介助で食事される高齢者がいらっしゃったら、食後30分くらいはベッドをギャジアップし、その後、食べ物が十二指腸の方へ流れやすくするため右側を下に臥床していただくほうがよいとようです。

どうして口腔ケアをするの？

どうして口腔ケアをするの？
口の中の細菌を減らして、虫歯や歯周病、誤嚥性肺炎を予防するのですよ。
そんなに大切なんて知らなかったなぁ～。
うがい薬
みがき残しがないようにね。あとで唾液腺マッサージもしましょう。

声かけのポイント

歯みがきセット（歯みがき粉、歯ブラシ、入れ歯　など）を確認します。「今日はいいお天気ですねぇ～」などとコミュニケーションを取りながらしていただきましょう。《例》「お手伝いさせていただいてよろしいでしょうか」「みがき残しはありませんか」「お口の中はさっぱりされましたか？」「きれいになりましたね」

常識36　口腔ケアは口の中の細菌を減らして誤嚥性肺炎を予防。

口腔ケアのポイント

高齢者の口腔トラブルは、虫歯や歯石・歯垢、歯周病、口内炎、合わない入れ歯、舌苔、ドライマウス、口臭などがあります。歯肉の腫れや入れ歯による傷などの有無をチェックし、負担をできるだけ軽減するために、短時間で効率よく行ないます。問題があれば歯科医師や歯科衛生士に相談します。

口腔ケアの主な効果

- **口腔機能の維持・回復**
  要介護状態の悪化や低栄養などを防止し、免疫力を向上させる。
- **口臭予防**
  口臭による不快感をなくします。
- **虫歯や歯周病の予防**
  肺炎や心内膜炎、糖尿病、腎炎などの予防にもなる。
- **誤嚥性肺炎の予防**
  口腔内の細菌数を減少させ、誤嚥性肺炎を予防する。
- **認知症の予防**
  かむ力を維持・改善して脳の認知機能の低下を防ぐ。

笠原 先生の ミニミニゼミ

不十分であってもリハビリや自立の意味でできるだけ本人に歯みがきをしてもらいます。一般的に、右利きの人は右側の歯にみがき落としが多いようです。反対側のほうがみがきやすいからです。また、麻痺がある人は麻痺側の歯茎とほおの間に食べかすが残っており、それを自覚することができません。介護職の援助が求められます。

舌の掃除をするのは?

舌苔って何?
食べかすや細菌によって舌に
苔のように付いているものなんですが。
だれでもある
のかな
舌苔(ぜったい)が少しあるので
取りましょうね。
まず、汚れを
取らないと
いけないのかね。
胃腸の調子がよくなかったり、
唾液が足らなかったりすると増えるんです。
舌粘膜の上皮の角化は汚れや
胃腸障害に対する防御作用!

声かけのポイント

舌清掃と舌の体操を続けることで唾液の量も増え、舌苔は減っていくでしょう。《例》お口のようすを見せていただけませんか」「お食事をもっとおいしく召し上がっていただけると思います」「すっかりきれいになりましたよ」

常識37 舌苔を取ることは口臭などの改善につながる。

舌の掃除と口臭予防

毎食後、歯みがきのときに歯みがき剤を使わずに舌ブラシで優しく何度も舌苔をこすり取ります。舌は傷つきやすいので軽くかき出すようにしましょう。舌苔は口臭の大きな原因にもなります。日ごろから唾液を減らさない工夫をしたり、胃腸に負担を掛けない食生活を心がけると口臭予防につながります

舌のストレッチ

- 舌の動きをよくしましょう!
舌を前に出す·上下へ伸ばす·左右口角（唇の端）に着ける

※左右のほおを内側から舌でしっかり押すなどの動きを観察してチェックする。

現場の先輩からのアドバイス

舌を清掃することで粘膜がピンク色に戻ってきます。毎日続けると舌の筋肉はストレッチされ、少しずつ力が入るようになってきます。味覚の改善につながることもあります。

入れ歯を水につけておくのは?

入れ歯を外したら
そのままにして
おいてもいい?
必ず水(洗浄剤を入れると効果が)に
つけおいてください。
乾燥によって変形する
恐れがありますからね。
食後は食べかすが残って
いるのできれいにしませんか。
入れ歯でもお口のケアは必要ですよ。

声かけのポイント

声かけもしないで入れ歯の取り外しをすると拒否がより強くなります。させていただくという気持ちが大切です。《例》お口の中をきれいにしましょう」「入れ歯を外させていただいてよろしいでしょうか」

常識㊳ 毎日・毎食後・就寝前に入れ歯をきれいにする。

入れ歯の手入れ

レジン(アクリル樹脂)でつくられている入れ歯は手入れをしないと、口臭の原因や残っている歯が虫歯になったり、歯周病が悪化したりします。また、誤嚥性肺炎など全身の病気を引き起こしやすくなるため清潔に保つようにしましょう。

水と歯ブラシで
汚れをこすり取る。

部分入れ歯では、バネの金属部分の裏側も
ていねいにみがく。歯みがき粉は使わない。

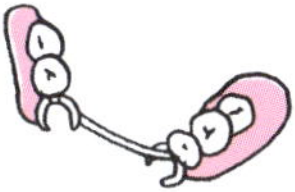

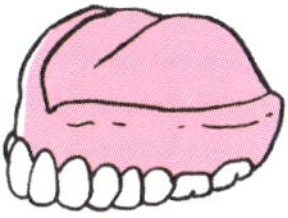

歯茎に当たる
裏側もきれいに。

総入れ歯の着脱方法

個人差はありますが一般的に、外すときには上の総入れ歯は前歯の切端(歯の先)を押すと入れ歯と上あごの間に空気が入って外れます。下の総入れ歯は前歯の部分を持って外すことができます。入れるときには下の総入れ歯は前歯の部分を持って歯茎に沿って入れます。上の総入れ歯も上あごに沿って入れます。

笠原 先生の ミニミニゼミ

加齢による歯・歯肉の不ぐあいや入れ歯の劣化などで、合わない入れ歯を使い続けていると、口腔内のトラブルを招きます。放置せずに歯科医に相談するなど速やかに対応しましょう。

食欲がないときは?

食欲がない
のだけれど…。
お口に合いませんか？
食事がおいしくないと
食は進みませんよね。
そういうわけでは
ないのだが。
無理しないでいいですよ。
気に入ったものだけでも食べてくださいね。

声かけのポイント

高齢者はうまく表現できないことがあります。食べたくないだけなのか、体に異常があるのかを見極める必要があります。《例》「味つけを少し変えてみましょうか」「あとにしましょうか」「何か心配なことがあるのですか」

常識39 咀嚼嚥下機能に合った食事方法で食欲不振を改善。

高齢者の食欲不振の主な原因

- 必要カロリーの減少などによる食欲低下
- 消化器官の不良
- 摂食嚥下障害やADL障害
- 精神的疾病(うつ病･認知症　など)

■低栄養に注意！

十分な栄養を摂取できないと体力は低下し、感染症などの病気にもかかりやすく、回復も難しくなります。健康の悪循環を招く原因になるので注意が大切です。

笠原 先生の ミニミニゼミ

高齢者の多くは不安や孤独を感じやすくなります。精神的に不安定になると、食欲不振の原因ともなってしまいます。変化に気づいてその原因を考えるようにしましょう。

Q 床ずれ予防に栄養管理が大事なのはどうして？

A 床ずれは低栄養によっても引き起こされることが知られています。栄養管理をしっかり行なうことが予防や治療に有効です。肉類、魚類、卵、乳製品、穀類、レバー、緑黄色野菜、カンキツ類など バランスよく摂取するようにしましょう。

Q よく誤嚥を起こす人のケアはどうしたら？

A 飲み込みの悪い人は口の動きが鈍く、唾液の量も少なくなり、口の中が汚れたままになりがちです。口腔の状態をチェックしてケアをしっかり行ないましょう。スポンジブラシか綿棒やガーゼで口の中を掃除したり、舌ブラシで舌苔を落としたり、アイスマッサージをします。

Q 嚥下反射の確認方法はどうしたら？

A 利用者ののどに介助者の指を軽く当て、唾液を「ごくん」と飲み込んでもらいます。のどが上に上げることが確認できれば嚥下反射があり、口から食べる能力があると考えられるようになります。

Q 食べようとしない人への対応はどうしたら？

A 気持ちを受容して寄り添います。楽しい食事環境、嗜好の有無、便秘の改善、コミュニケーションなど、ひとつではないと思われる原因と解消法を考えてみましょう。

Q 食事量が減っている人にはどうしたら？

A 咀しゃくや嚥下力の低下が考えられます。また、食欲不振や低栄養状態、水分不足などに原因がある場合もあります。食物形態（ひと口で食べやすい大きさ・柔らかさ・とろみなど）を改善したり、姿勢や介助のしかたの工夫などひとつひとつ解決していきましょう。

Q 食事中に寝てしまった場合はどうしたら？

A うとうとした状態、覚醒していない状態で食事をしてもらおうとすると誤嚥の危険性があります。覚醒しない場合は、食事を中断して時間をずらすようにします。

Q ベッドでの食事時に上半身起こすのはどうして？

A 寝たままの姿勢は食べ物が気管に入りやすくむせの原因となります。座位の安定のために高齢者のひざ下にクッションを当てます。上体（上半身）を30度程度起こし、頭部が前傾姿勢になるようにクッションで調整します。体が患側に傾きやすいのでクッションなどで姿勢を安定させましょう。

Q 食べてはいけないものを飲み込んだら？

A 固形物を飲み込んだ場合はすぐに体を前かがみにして、頭を低くして背中の肩甲骨の間をたたきます。危険物を飲み込んだら医師を呼びましょう。呼吸困難や窒息の恐れがある場合は救急車を呼びます。医師や救急車が到着するまでは注意事項に従って応急処置をします。

コラム　プラス思考になるための言い換え術

あ

「飽きっぽい」⇩
「切り替えがはやい」
「ありきたり」⇩
「定番」
「いいかげん」⇩
「おおらか」
「行き当たりばったり」⇩
「臨機応変」

か

「気が利かない」⇩
「物事に動じない」
「気が小さい」⇩
「謙虚」
「緊張感がない」⇩
「肩の力が抜けている」
「計画性がない」⇩
「行動力がある」

さ

「騒がしい」⇩
「にぎやかな」
「地味」⇩
「シンプル」
「せっかち」⇩
「頭の回転が速い」
「そそっかしい」⇩
「行動が素早い」

た

「他力本願」⇩
「仲間が多い」
「付き合いが悪い」⇩
「NOと言える」

な

「仲が悪い」⇩
「価値観が合わない」

は

「八方美人」⇩
「フレンドリー」
「古くさい」⇩
「伝統を大切にする」

ま

「耳を貸さない」⇩
「信念が強い」

や

「安い」⇩
「リーズナブル」
「優柔不断」⇩
「思慮深い」

ら

「理屈っぽい」⇩
「論理的である」

わ

「わけがわからない」
「抽象的」

IV

介護の常識おさらい
[生活・環境]

訪問介護では何をしてくれる？

ちょっとの段差でつまずくのは？

高齢でも身だしなみは大事？

災害が起きたらどうしたら？

デイサービスセンターってどんなところ？

デイサービスセンターってどんなところ？
レクリエーションをしたり、お風呂に入ったり、お食事をとっていただくなどして、楽しく一日を過ごしていただけるところですよ。
だれが行ってもいいの？
デイサービスセンター
リハビリもしてもらえるの？

声かけのポイント

明るい笑顔と態度で気持ちの込もった声かけをしましょう。《例》「お元気ですね」「お目にかかるのが楽しみでした」「私たちも楽しかったです」「また、元気でいらしてくださいね」「次回も元気なお顔を見せてくださいね」

常識40 デイサービスで高齢者の自立支援や家族の負担軽減を図る。

デイサービス介護スタッフの役割

- 利用者ニーズの把握と適切なケアプランの作成
- 日常生活面の身体的援助
- 自立支援・介護予防・重度化の予防
- 認知症ケア
- 家族や地域との関係づくりや交流の促進
- アクティビティプログラムの計画と実践
- 感染防止とリスクマネジメント
- 記録や個人情報の保護　など

サービスのマナー

- お名前やお顔を頭に入れておく。
- 送迎の際には玄関に出て声かけをする。
- かならずスタッフ側から声をかけていねいに応対する。
- ゆったりとくつろいでいただけるよう配慮する。
- 家族には必ず一日の報告をし、家族の健康状態にも配慮した声かけをする。

笠原 先生の ミニミニゼミ

デイサービス（通所介護）は介護保険法に基づき「要支援」「要介護」と認定された人が利用できます。デイサービスセンターによって提供されるサービス内容はさまざまです。

訪問介護ではどんなこともしてくれるの？

お手伝いさんのようなもの？
ご希望どりに何でもできるわけではないのですよ。
「自立支援」ということで、ご自分のできることはできるだけなさってくださいね。
自分のことは自分でしないとね。
※「身体介護」「生活援助」「相談・助言」になる。

声かけのポイント

訪問では基本的業務として身体や精神状況の把握があります。最初の声かけで利用者のその日のようすや変化を読み取るようにします。帰り際もしっかり顔を見て、思いやる声かけをしましょう。《例》「ご気分はいかがですか」「今日はこれで失礼いたします。次回は○月○日△曜日の午後×時にうかがいますね」「何かお困りのことはありませんか」

常識41 訪問介護は身体介護と生活援助を行なうサービス。

基本的な仕事の内容

訪問介護では、一般的、常識的なことであっても、それを利用者に押しつけることは厳禁です。利用者のこれまでの生活習慣を受け入れ、信頼関係が気づかれた中で「○○しましょう」などと提案していくことが大切です。

身体介護

- 食事介助
- 衣服の着脱（できないことだけを手伝う）
- トイレ介助（トイレ誘導、排せつの介助　など）
- 入浴介助（洗髪や体を洗う）
- その他（服薬の介助、身だしなみの介助、付き添い介助　など）

※常に救急時の対応も考えておくことが必要です。

生活援助

- 掃除（トイレ、風呂場、キッチン、寝室などの掃除）
- 食事（調理、食事の配膳、後かたづけ、洗い物）
- 洗濯（洗濯、アイロン掛け、衣服の綻び縫い　など）
- その他（買い物代行、ごみ出し、布団のシーツ交換、病院での薬の受け取り代行　など）

笠原 先生の ミニミニゼミ

要望があっても「介護保険の対象外だからできない」ということも少なくありません。自費負担かほかに方法はないか、担当のケアマネジャーに相談してみましょう。

クーラーを付けないといけない?

私は少し暑いと思いますが室温を下げさせていただいてもいいですか。
飲み物でもお持ちしましょうか。
暑くないのだけれど…
変えることぐらいはできますけれど。
そうかしら…いいですよ。

声かけのポイント

高齢になると感覚機能が低下します。衰えを指摘するような声かけはしないように気をつけましょう。
《例》「お部屋の明るさを調節してもよろしいですか」「冷えすぎませんか」「飲み物をお持ちしましょうか」

常識42 加齢にともなう五感の機能低下を知ってサポート。

感覚機能の低下

●体性感覚(触覚、痛覚、温感など)…熱や痛みに気づきにくくなる。(→病気を見逃してしまうこともある)

●視力・色覚…かすんだり二重に見えたりする。まぶしく感じる。(老視や白内障が顕著)

●聴力…老人性難聴。特に高音域が聞こえにくくなる。

●臭覚…異臭や汚臭に気づきにくくなる。(→ガス漏れ事故や汚物の放置　など)

●味覚…味つけや食事に無関心になる。

熱中症と低体温症

熱中症

●体温調節能力の低下、気温に対して鈍感、体内の水分量不足などで起こる。

低体温症

●体温(平熱)が35℃以下。新陳代謝が悪くなり、免疫力も低下し、病気になりやすくなる。

笠原 先生の ミニミニゼミ

高齢者は皮膚表面にある温度受容器(温点・冷点)の数が著しく減少してしまいます。室温がかなり変化してから温冷感を自覚してようやく温度調節します。周囲が早めに気づくことが大切です。

ちょっとの段差でつまずくのは？

おっとっと…。
だいじょうぶですか。気をつけましょうね。
つまずきやすいのはどうして？
転ばないようにとするあまりつま先が上がらず、わずかな段差でつまずくからですよ。
申し訳ございません。すぐにかたづけます。

声かけのポイント

つまずきやすいのは大きな段差よりも、数センチ（1〜2㎝）程度の段差に足先が掛かってしまうことが多いようです。《例》「足元に気をつけてください」

常識43 高齢者がつまずきそうなものを放置しない。

事故のリスクマネジメントの基本対策

- 職員ひとりひとりが正しい知識や技術を持つ。
- 利用者の生活観や価値観を理解する中で信頼感を築いておく。
- リスクをきちんと把握して適切な支援計画に結び付ける。
- 各専門職とのチームワーク体制を整える。
- 介護(支援·介助)事故はなるべく最小限に予防をする。
- 起きてしまった事故などから教訓を導き出して今後に活かす。

段差の注意

- 玄関や庭やベランダから室内への入り口
- 階段
- 浴室と脱衣所の境
  ※入浴でのぼせ、めまいを起こして足元がおぼつかなくなるケースもある。
- 廊下と個室、板張りの居間と和室などの境
- カーペット·マットの厚み
- 電化製品のコード類

現場の先輩からのアドバイス

要介護者は常に多くの事故リスクを抱えています。リスクをきちんと把握して適切な支援計画に結び付け、生活観や価値観を理解する中で信頼感を築いていくことが事故防止の基本になります。

初めての杖の使い方は?

じょうずに杖を使えるかな？
杖があると歩くのが安定しますよ。杖を点検、準備しますね。ご気分は悪くないですか？
では、杖を持って歩きましょう。杖、左足、右足の順番ですね、杖…左足…右足…
私は○○さんの麻痺のある側に立ってお手伝いしますからいっしょに歩いてみましょう。
だいじょうぶかな？

声かけのポイント

杖にはいろいろな種類があり、専門家の指示でその人の状態に合わせ、適切な杖を選ぶようにしましょう。《例》「杖を使って立ち上がってみましょう」「失礼します。こちら（患側）に立たせていただきますね」「杖があると楽に歩けますね」

常識44 杖歩行の介助では麻痺側に立ち斜め後方から支える。

杖の種類

- **T字杖**…最も一般的に使われているもので、軽度の麻痺で腕に力があり、歩行が比較的安定している人向きです。
- **三点杖・四点杖**…支持面が広く安定性が高いのが特徴です。すべての支持点をしっかり接地させます。
- **ロフストランド杖**…１本の脚と体重を支えるグリップ、前腕を支えるカフ（腕を固定する）を備えた杖です。
- **松葉杖**…脇当てが付いて、その下にグリップがある杖です。杖を持つ場合は足を痛めていない側（健側）で持つようにします。

杖歩行の介助

片麻痺の場合、杖はよいほうの手で持ってもらい、介助者は対象者の杖を持っていない側（患側横あるいは患側斜め後ろ）に立ち、高齢者の身体状態に応じてズボンかベルトを腰の位置でしっかり握ります。

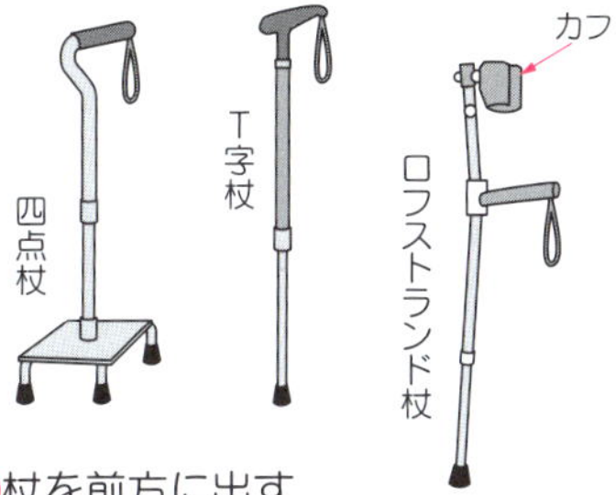

❶杖を前方に出す
❷杖と反対側の足を１歩踏み出す
❸杖と同じ側の足を１歩踏み出す

現場の先輩からのアドバイス

杖歩行介助中の突然のひざ折れやつまずきに対しては、無理して支えようとしないで介助者は腰を落として利用者の身体を受け止めるようにします。骨折しないように安全に着地させるよう工夫してみましょう。

高齢でも身だしなみは大事?

昔はおしゃれに気を使っていたのに…。
気持ちが良いだけでなく、脳を活性化できますよ。
無頓着になってしまいがちね。
とてもすてきになりましたね。

※ブラシの柄を長くして使いやすくする工夫など、できることはしてもらう。

声かけのポイント

認知症を発症すると高齢者の多くは物事に対して関心が低下します。しかし、感情面の機能は残っているので自尊心(プライド)はあります。《例》「よくお似合いですね」「見違えました」「とてもすてきです」

常識45 身だしなみや化粧は症状の緩和やQOL向上に役だつ。

記録の項目

□ 洗面　□ 髪の手入れ　□ ひげの手入れ
□ つめの手入れ　□ 化粧　□ 衣服の着替え　など

化粧療法の利点

●感覚の刺激…視覚、聴覚、触角、嗅覚などの感覚を使うため、脳の活性化に役だちます。
●コミュニケーション…施設スタッフや施術者などとふれあい、他者に認められることで自尊感情が上昇します。
●心のリハビリ…生き生きとした自分を思い出すことで心の機能を活性化します。

◎鏡像認知ができない認知症の人には、ハンドマッサージやネイルなど体感できる手段がよいでしょう。

笠原 先生の ミニミニゼミ

鏡に映っている自分の顔を認識できない重度の認知症の症状のひとつに鏡像認知障害があります。自分とはわからず鏡に向かって話かけたり、興奮したりします(鏡像反応)。鏡像認知ができなくなっている場合は、ネイルなど実際に目に見えるもので体感できる手段がよいでしょう。

レクリエーションはしないといけない？

○○をしてみましょう！
皆さんといっしょに楽しまれませんか。
手指のリハビリ効果もありますし、脳リハビリになりますよ。
今日はやめとこうかしら。
どうしてしないといけないの？

声かけのポイント

レクリエーションは脳や心身機能の維持・向上を図り、生活を豊かにしてリハビリや介護予防にもつながります。じょうずに褒める声かけをしましょう。《例》「じょうずですね」「○○さんは器用ですね」

常識46 レクリエーションの目的はコミュニケーションとリハビリ。

レクリエーションの進め方

- 指示伝達は一度にひとつ。ゆっくり、はっきり、わかりやすい言葉と動作で示す。
- 強要しないことを心がけながらいっしょに楽しむ姿勢で誘う。
- 混乱や事故には落ち着いた言動で対応する。
- 終了後には必ずフィードバック記録をする。

レクリエーションの注意点

- **達成感を。**
  高齢者が達成された点を指摘します。
- **特別扱いしないようにしましょう。**
  特定の人だけを褒めたり名指ししたりしないようにします。
- **五感で楽しみを共有しましょう。**
  見る・聞く・触れるなどの感覚を積極的に使うようにします。

笠原 先生の ミニミニゼミ

利用者の人柄や生活史、そして心身機能状況をよく知ったうえで、化粧や衣類の好みを把握し、その人なりのレクリエーション(見ているだけでも効果がある)ができるように援助するようにしましょう。

人と話すといいのはどうして？

どんなお話をしましょうか？
どうして
お話し相手に
なってくれるの？
話をしようとすると相手に何を
話そうかと考えますよね。
それが脳だけでなく、心も体も
元気にしてくれるからですよ。
昔のことでも
いいかしら。
若いころの思い出を
聞かせてくださいますか。

声かけのポイント

事実を正確に思い出すことではなく記憶をたどることが大切です。事実と異なっていても訂正せずに聞くようにします。《例》「お話を聞かせてくださいね」「楽しいお話をありがとうございました」

常識㊼ 高齢者との会話は脳に刺激を与えて老化を防ぐ。

回想法の取り組み方

回想法は心理療法の一種で、脳を活性化させ、認知症の効果を遅らせる効果があるといわれます。年を取ると理解力が低下し、会話も少なくなってきます。そのようなときは、話題を「今」ではなく、「過去」に引き戻して昔の体験など話すと、認知症にとってよい効果が期待できます。過去を思い出しやすくするためのツールを用意し、問いかけをしながら話を引き出しようにします。

きっかけとなるもの

- 写真のアルバム
- 古い新聞や雑誌、本
- 古いはがきや年賀状
- 以前に使用していた生活用品
- 若いころに親しんだ遊び、映画、音楽
- 仕事の道具
- よく食べていた飲食物　　など

※質問のしかたがあいまいだと何を聞かれているのかわからないこともあり、具体的な質問をするようにしましょう。

笠原 先生の ミニミニゼミ

回想法はアメリカの精神科医ロバート・バトラーによって創始された高齢者に対する心理療法です。対人交流や情緒の安定、QOL(生活の質)の向上などに効果があるといわれています。思い出したくないという内容もあり、無理にそのような内容を聞こうとしないようにしましょう。

認知症と物忘れの違いは？

物忘れが
多くなって心配！
○○さんの場合は
単なる「老化現象」ですよ。
単なる物忘れと
認知症の違いは？
簡単な例で言えば、
忘れていたことを思い出して
「忘れてしまった」と自覚するのが
単なる物忘れ、
忘れていることさえ忘れるのが
認知症ですね。
忘れっぽくても
そこまでは…。
?

声かけのポイント

物忘れを気にしたり不安に思ったりするのは本人です。気持ちを理解したうえでの声かけが大切です。

《例》いっしょに○○しましょうね」「○○してくださいませんか」「そうなんですか。教えてくださってありがとう」

常識48 認知症予防は生活習慣と小さな変化のチェック。

物忘れと認知症

物忘れ

- 加齢による物忘れを自覚・記憶力の低下・すぐには進行しない・体験の一部を忘れる・日常生活に支障はない・ほかの精神症状を伴わない。
- 私たちは「えんぴつどこに置いたかな？」「車のキーは？」など体験の一部を忘れたりすることがあります。そして、「忘れてしまった～」というように自覚があり、日常生活に大きな支障はないと思います。

認知症

- 脳の病気・自覚がない・記憶障害がある・進行する・体験自体を忘れる・日常生活に支障が出る・妄想や厳格、徘徊などがある。
- 認知症に見られる物忘れは、「ちょっと前に食事したことをすっかり忘れたの？」「娘さんとおしゃべりしたこと忘れたの？」など体験全部を忘れてしましします。そして、「忘れた」という自覚がありません（病識がない）。

認知症になる危険因子

運動不足・肥満・高血圧症・糖尿病・脂質異常症などが考えられます。これらを併せ持つメタボリックシンドロームの患者は認知症の発症が高いようです。さらに栄養のバランス、文章を読んだりゲームをしたりする知的活動、人とのつながり（付き合いや会話）といった社会的ネットワークが影響を及ぼすようです。

笠原 先生の ミニミニゼミ

メタボリックシンドロームとは、内臓指導型肥満に加えて高血糖・高血圧・脂質異常症のうち2つ以上重なった状態を意味します。腹部の肥満が特徴的です。

もしかしたら認知症?

○○をどこに
置いたかな?
だれかが持って
いったのかもしれない。
※認知症特有の
「もの盗られ妄想」
困りましたね。
いっしょに
探しましょうか。

介護者が見つけることはしないで、本人が探せるよう誘導する。

声かけのポイント

安心させる態度でいつも接し、不安がる言葉や傷つくような声かけはしないようにしましょう。《例》「気がつかなくて申し訳ございません」「そばにいますから安心してください」「いつも置いてある所をいっしょに探しましょう」

常識㊾ 認知症ケアは「受容」「傾聴」「共感」が基本。

認知症の主な特徴

- 記憶力の低下…昔の記憶は保たれているが、新しい記憶はあいまいになる。
- 理解力・判断力の低下…物事の推測や順序だてた行動が難しくなる。
- 見当識障害…今いる場所、時間、人の見当がつかなくなる。
- 生活動作障害・歩行障害…更衣や食事が不自由になったり失禁したりするようになる。など

認知症ケアのポイント

筋肉などと同様に脳も働かせないと衰えていきます。活性化を心がけましょう。

- 自尊心(プライド)を傷つけないように「人としての尊厳」を守る。
- 信頼関係を築いて、見守りと適切なサポートをする。
- 理解と思いやりを言葉や態度で表す。
- ゆとりのある傾聴で安心感を与える。
- ときにはスキンシップで気持ちを伝える。

笠原 先生の ミニミニゼミ

認知症の原因は、脳の退行性変化(アルツハイマー型認知症)、脳血管性変化(脳血管性認知症)など、病気によるもので、二次的要因として身体的・精神的・環境的要因のが挙げられます。精神的要因としては孤立感がいちばん大きく、そういう気持ちを抱かせないようにしましょう。

災害が起きたらどうしたら?

地震が起きたら
どうしよう?
私たちが
ついていますから安心してくださいね。
落ち着いて行動しましょう。
※利用者との信頼関係を築いておく。
どうやって
逃げたらいいの?
そうですね。
逃げる訓練をしましょうか。
※不安を抱かせない。
特に認知症高齢者の
不安や不満を理解する。

声かけのポイント

災害発生時には初動体制の確認が大切です。寝た切りや歩行困難な場合、また認知症の高齢者などに対しては、いざというときのための災害時の避難所や避難方法や連絡方法など十分に話し合っておきましょう。《例》「私についてきてくださいね」「いっしょに待っていましょう」「いつもそばにいますよ」

常識50 高齢者の防災対策は不安や動揺を与えないこと。

防災の心得

正解はありませんが、正しい判断ができるように日ごろから地域の人とも連携して訓練をしておくことが大切です。また、災害の種類や規模、支援状況などによってケアは異なります。柔軟に対応しましょう。

例えば、地震が発生したらどうする？

- まず机の下に入り、身を守る。
  「いっしょに入りましょうね」
- 家具や大型家電には近寄らないようにする。
  「安全な所に行きましょう」
- 隠れる場所がなければ頭を保護する。
  「けがをしないように頭に○○をかぶりましょう」

揺れがおさまったら

- ガスや火災などの安全確認をする。
- 避難できない場合は助けを呼ぶ。
  「だいじょうぶですから待っていてくださいね」
- 避難できる場合は素足で歩かない。
- 安否の確認、連絡をする。

元の生活に戻るために

- 不安を少しでも取り除く。
  「安心してくださいね。いっしょに○○しましょう」
- 食事や環境をチエックする。「いいですか」
- 体調不良にならないように気を配る

笠原 先生の ミニミニゼミ

認知症高齢者は災害後症状が悪化しやすく、特に避難所は落ち着かない環境です。行動障害、ADL、介護者がいるかを把握して避難所生活が可能か判断します。可能であれば、できるだけ個室など落ち着ける環境をつくりましょう。

対話力の磨き方

執筆：笠原幸子

I かかわる相手を理解するためのコミュニケーションとは

私たちは日常生活の中で、話し言葉を中心にコミュニケーションを取っています。しかし、多様なニーズを持った人たちとの人間関係においては、話し言葉だけではなく、視線や声の調子といった話し言葉以外の言語も、重要なコミュニケーションの手段となっているのです。本講義では、日常生活でのおしゃべりの延長線上にあるコミュニケーションではなく、相手を理解するための有効なサポートの技術としてのコミュニケーションについて、いっしょに学びたいと思います。

コミュニケーションには

(1) **話し言葉という記号を中心とした言語的コミュニケーション**

自分の内に抱いている願望、感情、思考、意思などを表現したいとき、主として話し言葉という記号を使って表現し、他者(自分以外の人)に伝達することです。

(2) **いわゆる身体言語、行動言語、器官言語等を中心とした非言語的コミュニケーション**

ジェスチャー、姿勢、表情、目の動き、声の調子、言語外の音声(笑い声やあくび等)、服装、態度等によって、意志・意思・気持ち(感情)等を他者に伝達することです。非言語的コミュニケーションは、意識的というよりむしろ無意識的な表現形態として用いられている場合が多いといわれているので、地域で支援を必要としている人たちの非言語的表現を察知することは、そのような人たちを理解するうえで貴重な情報源となり、サポートの効果を上げていくうえにおいても、おおいに役だつと思われます。

Ⅱ 自分への気づき…自己理解の重要性

私介護職員が相手の情報を収集するという一方通行ではなく、介護職員自身の情報も、相手へ伝わっているという二方通行の意味を持っています。介護職員側の情報も相手へ伝達されるという意味において、活動遂行に役だつコミュニケーションでは、介護職員にそのためのトレーニングが求められます。

「きれい好きな私」「時間に遅れることが嫌いな私」「保守的な考えを持っている私」等、自分自身の考え方や行動を認識しておくことです。

「きれる」とか「むかつく」といった言葉がありますが、自分は、どのような場面でどの程度「きれたり」、「むかついたり」するのかについて認識しておく必要がありますね。例えば、相談の場面で、どのようなタイプの相手には共感しやすく、どのようなタイプの相手にはいら立ちを覚えがちなのか、自分は、相手から感謝の言葉を得たり尊敬してもらわないと満足できないのか等、介護職員であるあなた自身の持つ特徴は、地域で支援を必要としている人たちとのラポール(信頼関係)の構築に微妙に関係してくるのです。

Ⅲ コミュニケーションについて

聞きじょうずになるための留意点

デビッド・アウグスバーガー博士、『親身に聞く』、棚瀬多喜雄訳、みすず書房

❶ 本当に相手を理解するまでは、その人を判断したり、評価してはいけません。

❷ 相手が話していることに対して、こちらの考えや意見を付け加えて解釈してはいけません。

❸ 相手の意図と、こちらの理解とが全く同じだと決めてしまわないようにしましょう。

❹ 話を聞きながら、こちらが先に結論を出さないようにしましょう。
❺ 自分と反対の考えに対して、心を閉ざさないようにしましょう。
❻ 自分に都合のいいことだけを聞かないようにしましょう。
❼ 話し手の言葉の中身は、その人のものだから、それ以外の意味に解釈しないようにしましょう。
❽ 話し手の言いぶん全体を聞こう。聞いている時間に答えの準備をしてはいけません。
❾ 話し手と聞き手が高め合うようにしよう。それには自分の考えが修正されるのを恐れてはいけません。
❿ 会話の時間を独り占めしないように、お互いに公平で平等に語る時間を持つようにしましょう。

Ⅳ 自分への気づき…自己理解の重要性

コミュニケーションの重要性について述べてきましたが、ここでは、地域で支援を必要としている人たちを理解するための具体的なコミュニケーションの技術について解説したいと思います。おしゃべりではなく、目的を持つ会話で、介護職員がもっとも求められる技術は、「聴く」ことです。この「聴く」技術は「傾聴」と呼ばれ、カウンセラー、ソーシャルワーカー、臨床心理士などの人たちにとって、もっとも基本的で、もっとも難しい技術といわれています。

相手が「ああ、この介護職員さんは、私の話をしっかり聴いてくれている」と感じてもらう技術です。どのように応答すれば「私はあなたの話を一生懸命聴いています」、「私はあなたの考えや感情を理解したいのです」というメッセージを相手に伝えられるでしょうか。

1. 言語的コミュニケーション－効果的に行なうための要点－

(1) 促し：最小限の励まし

「あなたの話を聴いていますよ」ということを示すサインです。相手が話を先に進めたり、より深く話を展開するための言葉です。具体的には、「そう…」、「そうですか」、「ふんふん」、「それで？」、「どうぞ、続けてお話ください」というような言葉があります。場合によっては、沈黙が最も価値ある最小限の励ましであることもあります(この場合、非言語的コミュニケーションの技術は重要)。相手が話し続けるためには、会話の中に間(沈黙)を置くことが有効な場合もあります。

(2) 明確化・認知確認

あなたが話したことを正確に聴き取っていますよ」ということを示すサインです。具体的には、「あなたが言ったことは、○○○でしょうか」、「あなたは、○○○と思われたんですね」というように、○○○の部分に相手の話した内容を入れます。

(3) 感情の反映・感情の反射

相手の明らかに、あるいは暗に表現した感情を、言葉として相手に返すことです。例えば、「それはとてもおつらかったでしょう」、「それはとても痛かったですね」、「○○○というお気持ちだったのですね」というように、肯定文で言葉を返す。

(4) 質問(開かれた質問・閉ざされた質問)

開かれた質問とは、自由に答えることを相手に期待する質問です。例えば、「いかがでしたか？」「どうですか？」等の質問です。開かれた質問は、答える範囲を限定していないので、相手は今自分の最も伝えたい事柄について話し始めることができます。介護職員側の予想や期待を超えた広範な返答があるでしょう。相手を理解することにつながります。一方、閉ざされた質問とは、答が「イエス」か「ノー」に限定された質問です。「昨夜はよく眠れましたか？」といった質問です。相手から必要不可欠な情報、「イエス」なのか「ノー」なのかの情報を収集する場合、この質問の手法は有効です。

また、コミュニケーションが進展しすぎて会話が拡散してしまったとき、それを収束させることに対しても有効です。開かれた質問と閉ざされた質問を、臨機応変に使い分けることが重要なポイントといえるでしょう。

2. 非言語的コミュニケーション

(1) 態度・顔の表情等

介護職員の前に登場する人たちは、地域生活に対して、期待や不安などさまざまな思いを持っています。相談に来られた方と会ったとき、あなたがどのような態度であるかが気になります。介護職員が、どのような行動・態度をすれば、「ああ、この人なら話せる」と思い、相談に来た理由を十分に話すことができるでしょうか。対応のしかたが、相手にどのような印象を与えるか理解しておく必要があります。怒ったり、不機嫌であったり、疲れていたりしていなくても、第一印象でそのように思われがちな人は、そのことを自覚しておく必要があるでしょう。あなたの態度や顔の表情は、どのようにすれば聴いていることを伝えることができるのか、ほかのスタッフや家族に聞いてみたり、鏡の前でトレーニングするのもひとつの方法です。

(2) 目線

日本の文化では、他人をジロジロ見るのは失礼にあたるといわれますが、相手と話すときは必ず相手を見てほしいと思います。凝視する必要はありませんが、連絡ノート等に目を落とし続けたり、目線をそらせたままでのコミュニケーションは、「私は、あなたには興味はありません」と言っていることになります。心を込めて相手の話を聴いている人を観察すると、顔の表情が豊かで、温かなまなざしを向けているでしょう。

(3) 声の調子

話し方の速さ、音量、高さの変化は、関心・無関心の度合いを示していることが多いといわれています。また、感情の変化は声によく現れるのです。静かで抑制の効いた声の調子を評価する傾向があるので活用していただきたいと思います。これらのことを理解したうえで、相手が関心を持っている話題について十分に話せるように、決して話すぎる介護職員にならないように注意しなければなりません。地域で支援を必要としている人たちを理解するためのコミュニケーションは、ほとんど聴くことです。

(4) 位置・距離

相手とどのような位置関係で対応するか、相手とどれだけの距離をもって対応するか等の位置どりや身体的距離も、相手に安心感を与えたり、逆に不安感を与えたりする要因になります。位置関係では、相手と介護職員は、対面する位置関係よりも直角に位置するほうが好ましいようです。身体的距離では、落ち着いてかつ親しさを失わない程度の距離と理解することです。

(5) 環境

環境も、相手理解のためのコミュニケーションにとって配慮しなくてはならない重要な内容です。雑然とした居室は、非言語コミュニケーションとしてすでに相手を排除していることになります。コミュニケーションとは、相手と介護職員の相互作用であるので、清潔で落ち着いた雰囲気、かつリラックスできる環境が、信頼関係の構築にとって重要な要件です。

平成19年に「社会福祉士及び介護福祉士法」は改正されました。介護福祉士の行なう「介護」を「入浴、排せつ、食事その他の介護」から「心身の状況に応じた介護」に改められました。これに連動して、介護福祉士創設以降の変化とこれからの介護ニーズに対応し、介護サービスにおける中心的役割を担える人材として、求められる介護福祉士像を12項目提示しました。

①尊厳を支えるケアの実践、②現場で必要とされる実践的能力、③自立支援を重視し、これからの介護ニーズ、政策にも対応できる、④施設・(地域在宅)を通じた汎用性ある能力、⑤心理的・社会的支援の重視、⑥予防からリハビリテーション、看取りまで、利用者の状態の変化に対応できる、⑦多職種協働によるチームケア、⑧一人でも基本的な対応ができる、⑨「個別ケア」の実践、⑩利用者・家族、チームに対するコミュニケーション能力や的確な記録・記述力、⑪関連領域の基本的な理解、⑫高い倫理性の保持。

職員業務自主チェック項目

食　事

□ 介助用のエプロンを着用しているか。
□ 手洗い、手指消毒をしているか。
□ 食事中に職員同士の私語をしないで介助しているか。
□ 食事を終えるまで最後まで待っているか。
□ 嚥下を確認しながら介助を行なっているか。
□ 安定食器、その他の自助具も適切なものが利用されているか。
□ 摂食状況をしっかり観察しているか。
□ 自助具使用や食事形態変更等の意見を上司に提案しているか。

入　浴

□ 着替えの服を高齢者自身で選んでもらえるように援助しているか
□ 着脱介助をする際には十分プライバシーに配慮しているか。
□ 利用者の入浴希望を確認しているか。
□ 入湯前の湯温（40°前後）を確認しているか。
□ 洗体前に湯を十分かけてから介助を行なっているか。
□ 入浴中に身体状況や傷の有無などの観察に努めているか。
□ 入浴後の着衣の介助を速やかに行なっているか。
□ 入浴後、水分補給の介助を行なっているか。
□ 入浴の対応方法や変更等の意見を上司に提案しているか。

排 せ つ

- □ 職員同士が大きい声で介助について確認を行なったりせず、プライバシーに配慮しているか。
- □ ベッド等でのオムツ交換時に、必ずカーテンを閉めて介助を行なっているか。
- □ 随時排せつの介助も適切に行なわれているか。
- □ 介助後の適切な汚物の処理や清掃は適宜行なわれているか。
- □ おむつの着用者でもできる限り、トイレで排せつ介助ができるように検討しているか。
- □ 在宅の介助法を尊重して、施設においても継続的な介助ができるように対応しているか。
- □ 便秘や下痢等、排便状況の把握に努め、適切な対処や助言をしているか。
- □ オムツ(パッド)等の使い方が適切か観察しているか。
- □ 排せつの介助法について意見を上に進言しているか。
- □ 排せつ介助後の手洗い、手指消毒はしっかり行なっているか。
- □ 排せつ状況の記録をつけて関係者と検討しているか。

コミュニケーションと連携

- □ 利用者と話をする前に、目線を合わせて話すようにしているか。
- □ 利用者と話すときに子ども扱いや愛称で呼ばず、ていねいな言葉づかいをしているか。
- □ いつも笑顔での対応を心掛けているか。
- □ 利用者に指示・命令的な話し方をせず、敬意をもった話し方をしているか。
- □ 利用者のいるときに職員同士でふざけたり話し込んだりしていないか。
- □ 利用者とできるだけかかわるように心掛けているか。

(参考:今川デイサービスセンター)

監修：笠原　幸子（かさはら・さちこ）
学校法人四天王寺学園　四天王寺大学短期大学部　教授　学術博士
大阪市立大学大学院生活科学研究科生活科学専攻後期博士課程退学
社会福祉士と介護福祉士の養成に携わる。現場の介護職員を応援する研究がテーマ。著書『ケアワーカーが行う高齢者のアセスメント』(ミネルヴァ書房、2014年)ほか。共著多数。

編著：前田　万亀子（まえだ・まきこ）
プランニングMaki（介護コーディネーター・ライター）、一般社団法人PORO 理事、CSねっと企画合同会社 所属

協力：老人介護を考える集い（田中幸子・山下恵利子　ほか）
平野亨子（巽病院介護老人保健施設介護部長）

スタッフ
表紙装丁／曽我部 尚之（E-FLAT）　表紙イラスト／藤本（佃）知佳子
本文イラスト／藤本（佃）知佳子・おかじ 伸・角田 正己（イラストレーションぷぅ）・
森高 はるよ（アド・コック）
編集協力　本文デザイン・レイアウト／森高 はるよ（アド・コック）
企画編集／安藤憲志　校正／堀田浩之

安心介護ハンドブック⑯
介護の常識㊿ なんで、そうなるの？
2014年11月　初版発行

監修　笠原　幸子
編著　前田　万亀子

発行人 岡本　功
発行所 ひかりのくに株式会社

〒543-0001　大阪市天王寺区上本町3-2-14
郵便振替00920-2-118855　TEL06-6768-1155
〒175-0082　東京都板橋区高島平6-1-1
郵便振替00150-0-30666 TEL03-3979-3112
URL http://www.hikarinokuni.co.jp
印刷所　図書印刷株式会社

Printed in Japan
ISBN 978-4-564-43126-5
C3036　NDC369.17　128P 15×11㎝
乱丁、落丁はお取り替えいたします。